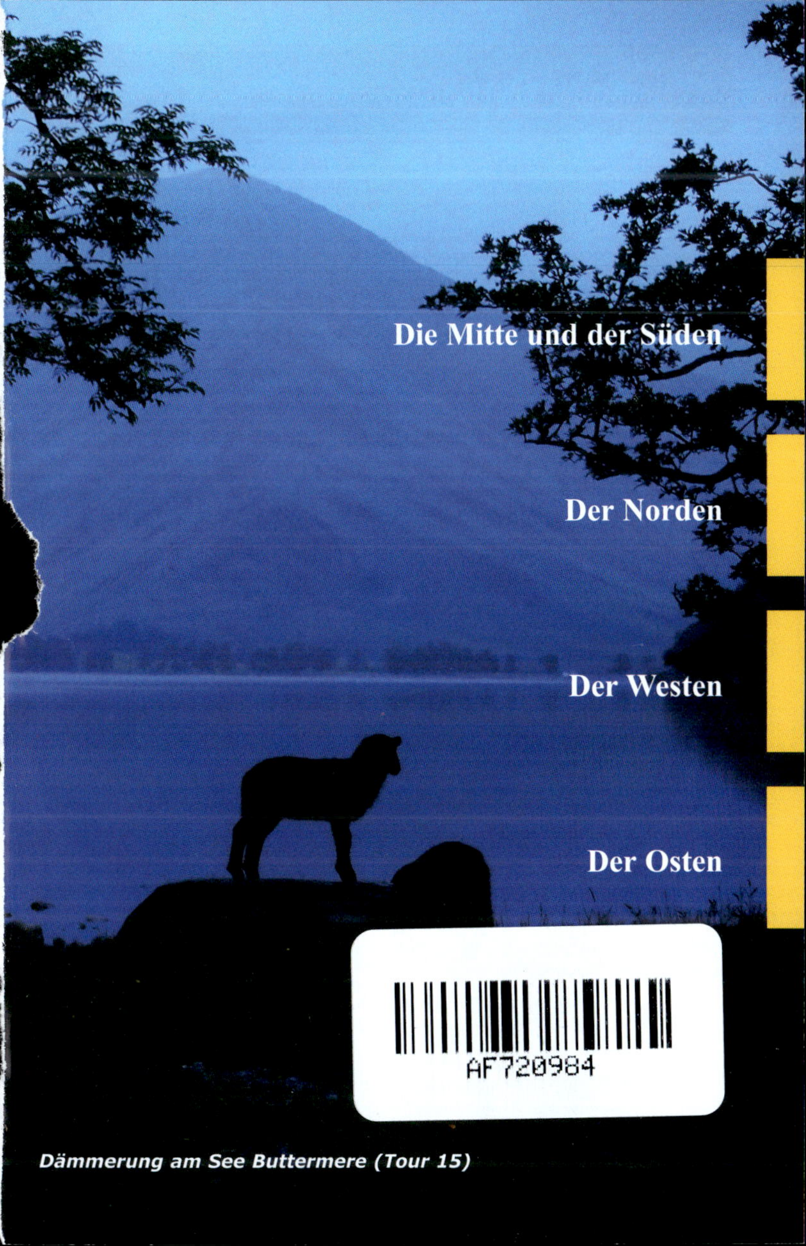

Die Mitte und der Süden

Der Norden

Der Westen

Der Osten

Dämmerung am See Buttermere (Tour 15)

Lake District

Alle Informationen, schriftlich und zeichnerisch, wurden nach bestem Wissen zusammengestellt und überprüft. Sie waren korrekt zum Zeitpunkt der Recherche. Eine Garantie für den Inhalt, z. B. die immerwährende Richtigkeit von Preisen, Adressen, Telefon- und Faxnummern sowie Internetadressen, Zeit- und sonstigen Angaben, kann naturgemäß von Verlag und Autor – auch im Sinne der Produkthaftung – nicht übernommen werden.

Die Autorin und der Verlag sind für Lesertipps und Verbesserungen (besonders per E-Mail) unter Angabe der Auflagen- und Seitennummer dankbar.

Dieses OutdoorHandbuch hat 158 Seiten mit 65 farbigen Abbildungen, 30 farbigen Kartenskizzen im Maßstab 1:25.000/1:50.000 sowie 27 farbigen Höhenprofilen und einer farbigen, ausklappbaren Übersichtskarte. Es wurde auf chlorfrei gebleichtem Papier gedruckt, in Deutschland klimaneutral hergestellt und transportiert und wegen der größeren Strapazierfähigkeit mit PUR-Kleber gebunden.

klimaneutral
natureOffice.com | DE-077-151104
gedruckt

Dieses Buch ist im Buchhandel und in Outdoor-Läden erhältlich und kann im Internet oder direkt beim Verlag bestellt werden.

OutdoorHandbuch aus der Reihe „Regional", Band 382

ISBN 978-3-86686-504-4 1. Auflage 2017

Text und Fotos: Anna Regeniter
Karten: Manuela Dastig
Lektorat: Amrei Risse
Layout: Manuela Dastig

Gesamtherstellung: Werbedruck GmbH Horst Schreckhase

Dieses OutdoorHandbuch wurde konzipiert und redaktionell erstellt vom:

Conrad Stein Verlag GmbH, Kiefernstr. 6, 59514 Welver,
☏ 023 84/96 39 12, FAX 023 84/96 39 13,
info@conrad-stein-verlag.de,
www.conrad-stein-verlag.de

Besuchen Sie uns bei Facebook & Instagram:

www.facebook.com/outdoorverlage (Die Outdoor-Verlage)

www.instagram.com/die_outdoor_verlage (die_outdoor_verlage)

Titelfoto: Am Ufer des Sees Wast Water (Tour 20)

Inhalt

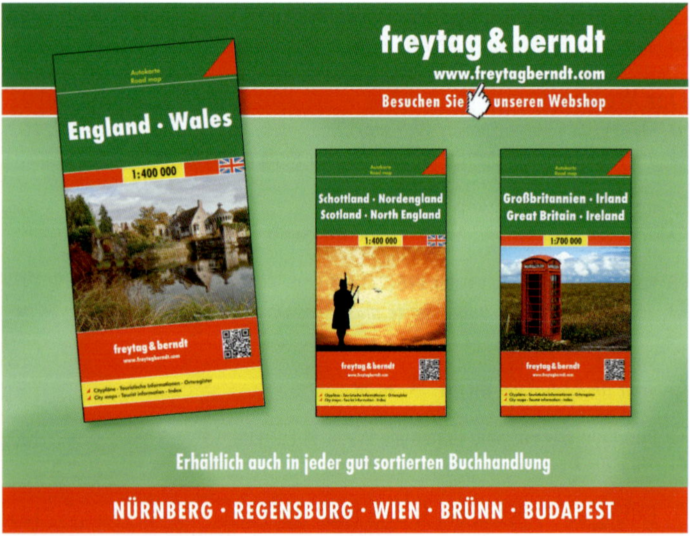
freytag & berndt
www.freytagberndt.com
Besuchen Sie unseren Webshop
England · Wales
1:400 000
Schottland · Nordengland
Scotland · North England
1:400 000
Großbritannien · Irland
Great Britain · Ireland
1:700 000
Erhältlich auch in jeder gut sortierten Buchhandlung
NÜRNBERG · REGENSBURG · WIEN · BRÜNN · BUDAPEST

Der Lake District

Der Lake District im Nordwesten Englands ist eine Region von großer landschaftlicher Schönheit und in Großbritannien schon lange als Wanderparadies schlechthin bekannt. In den Lakes oder dem Lakeland, wie die Einheimischen die Gegend oft nennen, vereint sich die raue Schönheit der schottischen Gebirge mit der Lieblichkeit englischer Grafschaften. Schroffe Bergketten, von alten Steinmauern durchzogene grüne Täler und blau glänzende Seen sorgen immer wieder für herrliche Ausblicke und ziehen schon seit Jahrzehnten sowohl Wanderer als auch Dichter in ihren Bann. William Wordsworth, der große Dichter der Romantik, beschrieb den Lake District sogar als den „schönsten Platz, den der Mensch je erblickt hat".

Seitdem das 64 mal 51 km große Gebiet 1951 zum Nationalpark erklärt wurde, haben sich die Landschaften und Dörfer in dieser Ecke Englands kaum gewandelt. Viele Briten lieben den Lake District gerade deshalb, weil sie hier noch das „Olde Worlde England" finden, ein England wie aus dem Bilderbuch, wo sich ein weiß getünchtes Haus an das andere reiht und viele Menschen weiterhin von der Schafzucht leben.

Obwohl der Lake District im deutschsprachigen Raum noch ein Geheimtipp ist, wird er jedes Jahr von rund 16 Millionen Touristen aufgesucht. Die Besucherströme verlaufen sich jedoch sehr schnell, sobald man sich nur wenige Kilometer von den Touristik-Hotspots entfernt. Viele der in diesem Buch beschriebenen Wege werden Sie auch in den Sommermonaten ganz für sich allein haben.

Heute durchziehen Tausende Kilometer von gut gepflegten Pfaden die gesamte Region, und wo auch immer Sie sich einquartieren, steht Ihnen eine fast unendliche Zahl an Wanderwegen zur Auswahl. In diesem Buch habe ich einige der schönsten Routen für Sie ausgewählt, in der Hoffnung, dass bei dieser Mischung an leichten bis anspruchsvollen Tal- und Gebirgswanderungen auch das Richtige für Sie dabei sein wird.

Für Bergsteiger mit Abenteuerdrang ist in den Lakes genauso gut gesorgt wie für Familien mit Kleinkindern: Längere Touren führen auf die höchsten Berge Englands, deren Gipfel zwar nicht ganz die 1.000-m-Grenze erreichen, aber dennoch oft alpinen Charakter haben und auch erfahrene Wanderer herausfordern. Die Wege entlang der Täler und Seeufer verlangen hingegen weniger Fitness, sind aber ganz genauso reizvoll.

Außer für das Wandern ist der Lake District auch für andere Outdooraktivitäten ideal geeignet. Die Seen sind ein Paradies für Kanuten, Segler und Schwimmer, während Kletterer an den Berghängen Strecken jeden Schwierigkeitsgrads vorfinden.

Außerdem gibt es im Lake District etliche Sehenswürdigkeiten wie die Gärten der „Peter Hase"-Autorin Beatrix Potter oder die Häuser des Dichters William Wordsworth zu entdecken. Auch Geschichtsbegeisterte kommen hier auf ihre Kosten: Neben geheimnisvollen Steinkreisen aus der Vorzeit trifft man überall auf die Spuren der Römer, für die Nordengland ihr nördlichster Stützpunkt war, und der Wikinger, die sich nach dem Rückzug der Römer hier ansiedelten und die Region deutlich geprägt haben.

Wenn Sie nach Ihren Streifzügen durch die verschiedenen Ecken des Lakelands abends müde sind, warten selbst an den entlegensten Orten urige Pubs mit Kaminfeuer auf Sie, wo Sie schnell mit den freundlichen Einheimischen ins Gespräch kommen werden.

Ganz viel Spaß beim Wandern und Entdecken wünscht Ihnen Anna Regeniter.

Reise-Infos

Anreise

Am günstigsten für den Lake District liegen die Flughäfen von Manchester und Liverpool. Von hier aus erreicht man die Region entweder per Leihwagen oder Zug in weniger als 2 Std. Auch vom Flughafen Newcastle dauert die Autofahrt nur rund 2 Std.

Von London aus gibt es eine Direktverbindung nach Oxenholme und Penrith am Rande des Lake Districts (Fahrzeit 3-4 Std.). Von Manchester und Liverpool kommt man außerdem in rund 2 Std. in die Orte Windermere, Kendal und Staveley. Etwas komplizierter ist die Anfahrt von Newcastle aus: Auf dieser Strecke muss man erst in Carlisle, dann in Penrith umsteigen.

www.nationalrail.co.uk

Wer aus dem Süden Englands anreist, fährt am besten über die Autobahnen M1 oder M40 bis Birmingham und dann weiter über die M6, die am östlichen Rand des Lake Districts vorbeiführt. Die Fahrzeit aus London beträgt ca. 5-6 Std.

Den Süden, Norden und Osten des Lake Districts erreichen Sie schnell von der Autobahn M6 aus. Für den westlichen Teil gibt es drei Optionen: Entweder folgen Sie der südlichen Küstenstraße (A590, später A595), was eine recht lange Fahrt über kleine Straßen mit vielen Geschwindigkeitsbegrenzungen bedeutet, oder Sie fahren über den Norden (A66) an, was zwar von der Kilometerzahl länger ist, aber meist schneller geht. Die dritte Option besteht darin, einen der Gebirgspässe zu nehmen, der den Westen mit den zentralen Lakes verbinden. Dabei sollten Sie berücksichtigen, dass die Straße von Skelwith Bridge nach Eskdale (Hardknott und Wrynose Pass) berüchtigt für ihre extremen Steigungen und engen Kurven sind. Nervöse Fahrer sollten diese Strecke lieber vermeiden.

Standorte und Unterkünfte

Der Lake District ist eines der beliebtesten Urlaubsziele Englands und so gibt es eine Fülle an Unterkünften für jeden Geschmack und Geldbeutel. Erwägenswerte Standorte sind z. B. diese:

▷ Keswick: Keswick ist eine der schönsten Kleinstädte der Region und hat auch bei Regenwetter sowohl für Erwachsene als auch für Kinder viel zu bieten. Sie ist ideal gelegen für Wanderungen im nördlichen Lake District und es gibt gute Verkehrsverbindungen in die anderen Teile.

▷ Ambleside: Das Städtchen Ambleside kann in Sachen Attraktivität nicht ganz mit Keswick mithalten, bietet aber auch viele Unterhaltungsmöglichkeiten und liegt sehr zentral, sodass alle Teile des Lake Districts von hier aus gut erreichbar sind.

▷ Windermere und Bowness: Beide Städtchen liegen schön am bzw. ganz in der Nähe des Sees Windermere und sind sehr gut an das öffentliche Verkehrsnetz angebunden. Allerdings kann es hier im Sommer brechend voll werden.

▷ Grasmere: Ein hübsches Dorf mit vielen Restaurants und Pubs, das allerdings wegen seiner Wordsworth-Verbindung von sehr vielen Touristen aufgesucht wird.

▷ Wer nicht auf öffentliche Verehrsmittel angewiesen ist, kann sich natürlich auch in einem der malerischen Dörfer einquartieren. Sehr schön sind z. B. Hawkshead, Glenridding und Coniston.

☺ Wer vor allem Ruhe und Einsamkeit sucht, sollte den Westen in Erwägung ziehen. Da dieser Teil des Nationalparks nur relativ schwer über kleinere Straßen zu erreichen ist, findet man hier auch im Hochsommer viel Stille.

Hotels und Bed&Breakfasts (B&Bs) kosten meist von £ 70 für ein Doppelzimmer inkl. Frühstück aufwärts. Günstigere Angebote findet man auf Preisvergleichsseiten wie www.booking.de. Trotz der Fülle an Unterkünften sind viele B&Bs zu Stoßzeiten schon Monate im Voraus ausgebucht, sodass Sie Ihre Reise am besten so früh wie möglich planen sollten.

Wenn Sie einen Aufenthalt von einer Woche oder länger planen, lohnt sich das Mieten eines Ferienhauses (ab ca. £ 300/Woche). Die Ferienhausvermittlungen Sally's Cottages und Lake Lovers z. B. haben eine große Auswahl an Unterkünften:

www.sallyscottages.co.uk

www.lakelovers.co.uk

Wenn Ihnen ein günstiger Preis wichtig ist, empfiehlt sich die Übernachtung in einer der 19 Jugendherbergen des Lake Districts. Die Herbergen sind allesamt von hoher Qualität und gut auf Wanderer jeden Alters eingestellt, sind aber sehr beliebt und sollten deshalb so früh wie möglich gebucht werden. Meist stehen auch günstige Privatzimmer zur Verfügung.

www.yha.org.uk

Für Campingfans gibt es eine große Auswahl an Plätzen. Auf der Webseite CoolCamping sind einige der schönsten aufgelistet. Außerdem finden sich im Lake District 14 Camping Barns – alte Scheunen mit einfacher Ausstattung, die neben einem Dach über dem Kopf außerdem ein WC und fließendes (meist nur kaltes) Wasser bieten, manchmal auch einen Ofen. Die Übernachtung kostet £ 10. Das Campen in freier Natur wird in höheren Lagen problemlos geduldet, während die Täler meist in Privatbesitz und damit tabu sind. Wer auf ein Abenteuer aus ist, kann auch in einer der drei einsam gelegenen, sehr einfach ausgestatteten Berghütten des Lake Districts übernachten, z. B. in der Warnscale Bothy am Berg Hay Stacks (☞ Tour 16).

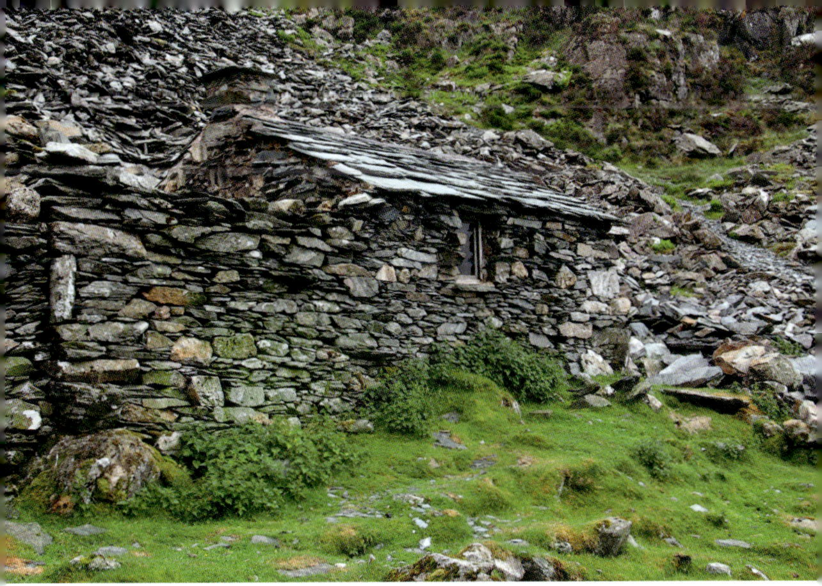

Warnscale Head Bothy

- www.coolcamping.co.uk
- www.lakelandcampingbarns.co.uk
- www.mountainbothies.org.uk

☺ Bei den meisten Unterkünften können Wanderer am Vorabend für ca. £ 5 ein „Packed Lunch" bestellen, also ein Lunchpaket mit Sandwiches, Getränken und einigen Snacks, zu denen in England natürlich auch immer Chips gehören.

Verkehrsmittel

Die Dichte des öffentlichen Verkehrsnetzes im Lake District fällt sehr unterschiedlich aus. Während Städte wie Ambleside, Keswick und Windermere sehr gut verbunden sind und viele der beliebtesten Ziele im zentralen Lake District mindestens einmal pro Stunde angefahren werden, sind Orte wie Wasdale oder Ennerdale am Rand des Nationalparks nur mit dem Auto zu erreichen. Einige Buslinien verkehren außerdem nur von Ostern bis Ende Oktober.

Auf der offiziellen Website der Grafschaft Cumbria sind unter „Bus Timetables" alle aktuellen Busfahrpläne aufgelistet. Die Seite Traveline veröffentlicht außerdem Live-Ankunftszeiten für Busse in ganz Großbritannien.

Telefonisch bekommt man täglich von 7:00 bis 20:00 Uhr Auskunft unter der Nummer ☏ 08 71 20/022 33.

💻 www.cumbria.gov.uk

💻 www.traveline.info

Meist erweist es sich am billigsten, ein „Day Rider"-Tagesticket zu kaufen, was je nach Strecke um die £ 8 kostet. Für Familien und Gruppen bis zu 5 Leuten gibt es hohe Ermäßigungen.

✋ Einige Parkplätze im Lake District verlangen hohe Gebühren von £ 4-6 für das Parken von mehr als 2 Std. Die Parkautomaten akzeptieren meist keine Geldscheine, sodass Sie immer so viel Wechselgeld wie möglich dabeihaben sollten.

Telefon

Großbritannien führt die Landesvorwahl 00 44. Bei der anschließenden Ortsvorwahl lässt man bei Anrufen aus dem Ausland die erste 0 aus.

Wenn Sie von England aus zu Hause anrufen wollen, lautet die Vorwahl für Deutschland 00 49, für Österreich 00 43 und für die Schweiz 00 41.

Klima und Reisezeit

Das Wetter in den Lakes ist vor allem für eines berühmt: seine Unberechenbarkeit. Auch bei schönstem Sommerwetter sollten Sie auf jeden Fall immer warme, regenfeste Kleidung dabeihaben, ganz besonders, wenn Sie eine der Bergtouren in Angriff nehmen. Auch bei einer Höhe von nur 800 m kann das Wetter extrem schnell umschlagen und dichter Nebel aufziehen, weshalb Karte und Kompass bei diesen Touren auf keinen Fall fehlen sollten.

Die Lake District Weatherline veröffentlicht täglich relativ präzise Vorhersagen für den gesamten Nationalpark:

💻 www.lakedistrictweatherline.co.uk

Die meisten Wanderer besuchen die Region zwischen Ostern und Oktober, wobei es in den englischen Schulferien (um Ostern herum und ca. 20.7.-5.9.) und an den May Bank Holidays (den ersten und letzten Maiwochenenden) schnell voll werden kann. Jede Jahreszeit hat ihren eigenen Reiz: Während die Sommermonate mit warmem Wetter locken, blühen im Frühling an den Wegrändern Tausende von Narzissen und die Weiden sind voller Lämmer. Der Herbst taucht die Berghänge herrlich in Farbe. An klaren Wintertagen wiederum bieten sich schöne Ausblicke über die verschneiten Gipfel und Sie haben viele der Wege ganz für sich allein.

Eine Herde Herdwicks am Wrynose Pass

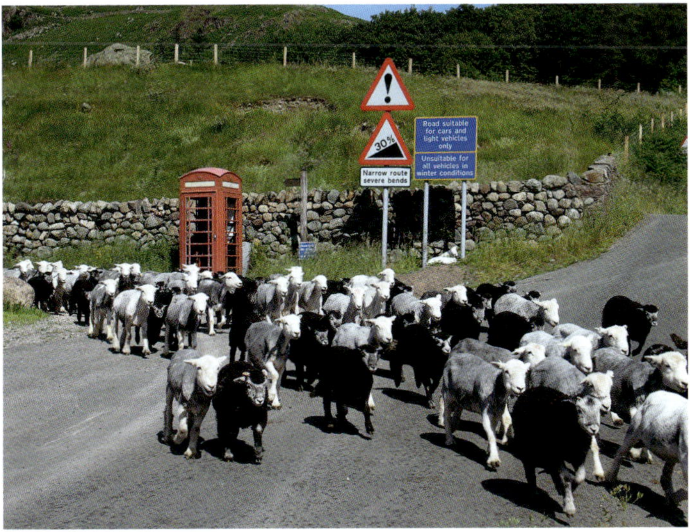

Karten und GPS

Die „A-Z Adventure"-Reihe hat zwei Karten für Wanderer im Maßstab 1:25.000 herausgegeben, die den größten Teil des Lake Districts abdecken. Sie sind dank ihres Buchformats leichter zu handhaben als Faltkarten und zudem noch um einiges billiger.

📖 Lake District (Southern Fells), A-Z Adventure Atlas, ISBN 978-1843488521

📖 Lake District (Northern Fells), A-Z Adventure Atlas, ISBN 978-1843488514

Leider sind die Randgebiete des Nationalparks auf diesen Karten nicht aufgezeichnet, sodass Sie für die Touren 17, 19 und 22 auf die Faltkarten des Ordnance Survey zurückgreifen müssen.

- 🕮 Ordnance Survey Explorer, Blatt OL6, ISBN 978-0319242452 (laminiert: ISBN 978-031946248) für Touren 17 und 19
- 🕮 Ordnance Survey Explorer, Blatt 303, ISBN 978-0319245552 (laminiert: ISBN 978-0319471753) für Tour 22

Die GPS-Tracks zu den beschriebenen Wegen können Sie von der Internetseite des Verlags (💻 www.conrad-stein-verlag.de) herunterladen.

Wanderinfrastruktur

Der Lake District ist die Wanderregion schlechthin in England und wird auch in den entlegeneren Ecken von etlichen gut gepflegten Pfaden durchzogen. Notorisch schlecht sind allerdings die Wegmarkierungen: Um den Nationalpark so natürlich wie möglich zu belassen, wurde besonders in höheren Lagen oft völlig auf eine Beschilderung verzichtet. Während Sie die meisten Talwanderungen mit den Karten in diesem Buch problemlos bewältigen können, sollten Sie deshalb für die Bergtouren auf jeden Fall Karte und Kompass dabeihaben.

Eine Ausnahme bei der schlechten Beschilderung macht der 2016 eröffnete Ullswater Way, der einmal um den See Ullswater herumführt und sehr gut gekennzeichnet ist.

Es berühren mehrere Fernwanderwege die beschriebenen Touren. Auch sie sind nur sporadisch ausgeschildert:

- ▷ Coast to Coast Walk
- ▷ Cumbria Coastal Way
- ▷ Cumbria Way
- ▷ Dales Way

☺ Wenn Sie vorhaben, bei Ihrem Besuch im Lake District viele Sehenswürdigkeiten zu besuchen, ist es empfehlenswert, dem National Trust beizutreten, der viele Denkmäler, Museen und Gärten verwaltet. Für Touristen gibt es 7- oder 14-tägige Touringpässe, die bedeutend billiger als die Jahresmitgliedschaft sind.

- ♦ National Trust, 💻 www.nationaltrust.org.uk, 7-tägiger Touring Pass Erw. £ 31,50, 2 Erw. £ 56,50, Familie £ 64 (2 Erw. und beliebig viele Kinder unter 18 Jahren), 14-tägiger Touring Pass Erw. £ 37,50, 2 Erw. £ 68,50, Familie £ 79,50

Wandern mit Buggys

Eine Reihe der Wanderungen im Lake District sind leider nicht für Buggys geeignet, da sie entweder zu steil sind oder über sehr enge, unebene Wege verlaufen. Auch führen viele Pfade immer wieder über „Stiles“, also Mauerstiegen, die mit Buggy nur mit Mühe überwunden werden können. Einige der Seeumrundungen sind jedoch ideal und im Wanderteil beschrieben. Auf der Webseite „Miles without Stiles“ findet sich eine Liste von weiteren kurzen, barrierefreien Spaziergängen.

💻 www.lakedistrict.gov.uk/visiting/thingstodo/walking/mileswithoutstiles

Wandern mit Hunden

Die Engländer lieben Hunde und die meisten der hier beschriebenen Wanderungen sind sehr gut für Vierbeiner geeignet. Beachten sollten Sie die folgenden Punkte:

- ▷ Bei der Einreise muss jeder Hund einen EU-Heimtierausweis mit sich führen. Weitere Infos erhalten Sie auf der Homepage des Bundesministeriums für Ernährung und Landwirtschaft (BMEL) unter 💻 www.bmel.de.
- ▷ Der Lake District ist „Sheep Country“, d. h., Sie müssen immer und überall auf frei laufende Schafe gefasst sein. Fast alle der hier beschriebenen Wanderungen führen streckenweise über Schafwiesen, wo Hunde angeleint sein sollten, besonders in der Ablammsaison von ca. Februar bis Mai.
- ▷ Viele der hier beschriebenen Wege führen über sogenannte Stiles, also kleine Trittstufen, die als Mauerüberquerung dienen. Die meisten Hunde meistern diese Stiles ohne Probleme.
- ▷ Die Bergtouren führen oft über scharfkantiges Geröll, wo im Zweifelsfall Hundepfotenschuhe zu empfehlen sind.

Updates

Der Conrad Stein Verlag veröffentlicht Updates zu diesem Wanderführer, die direkt von der Autorin oder von den Lesern dieses Buches stammen. Sie finden diese auf der Verlagshomepage 💻 www.conrad-stein-verlag.de. Der abgebildete QR-Code führt Sie direkt dorthin.

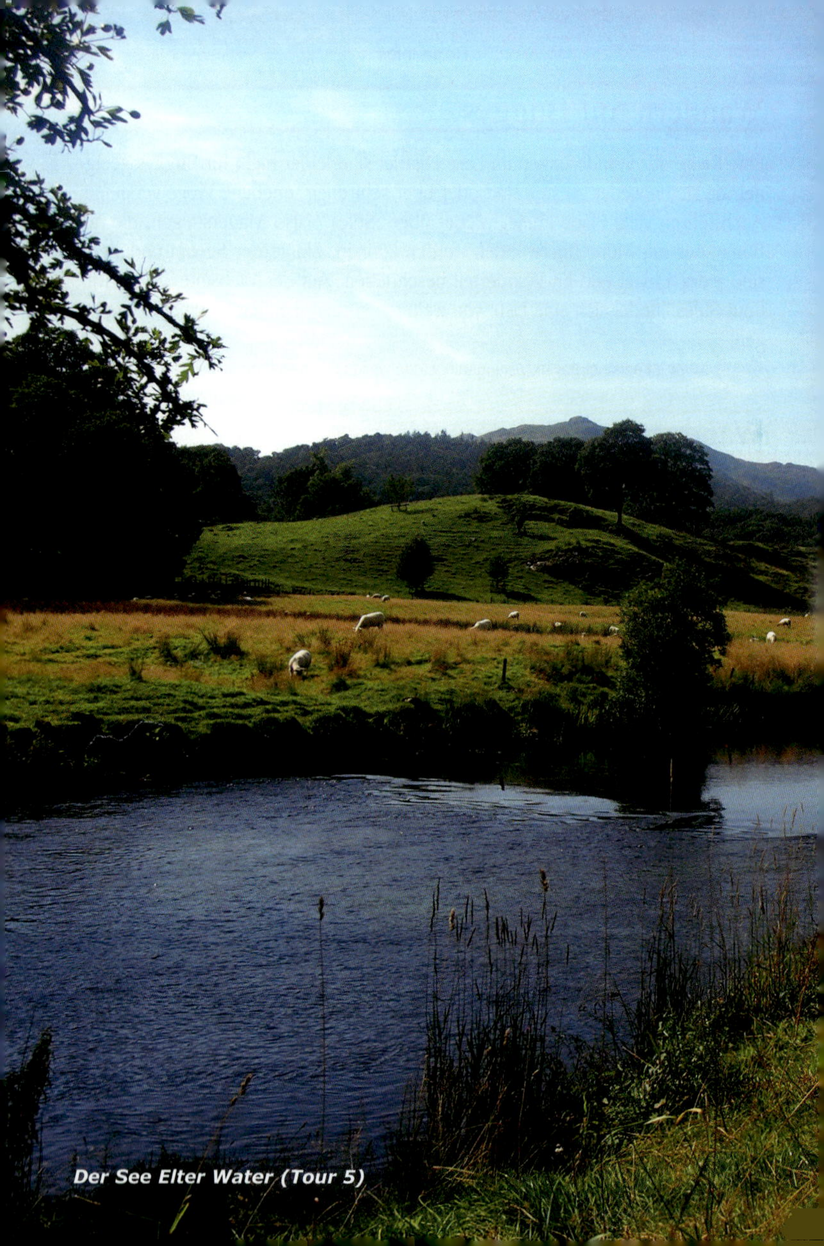

Der See Elter Water (Tour 5)

Die Mitte und der Süden

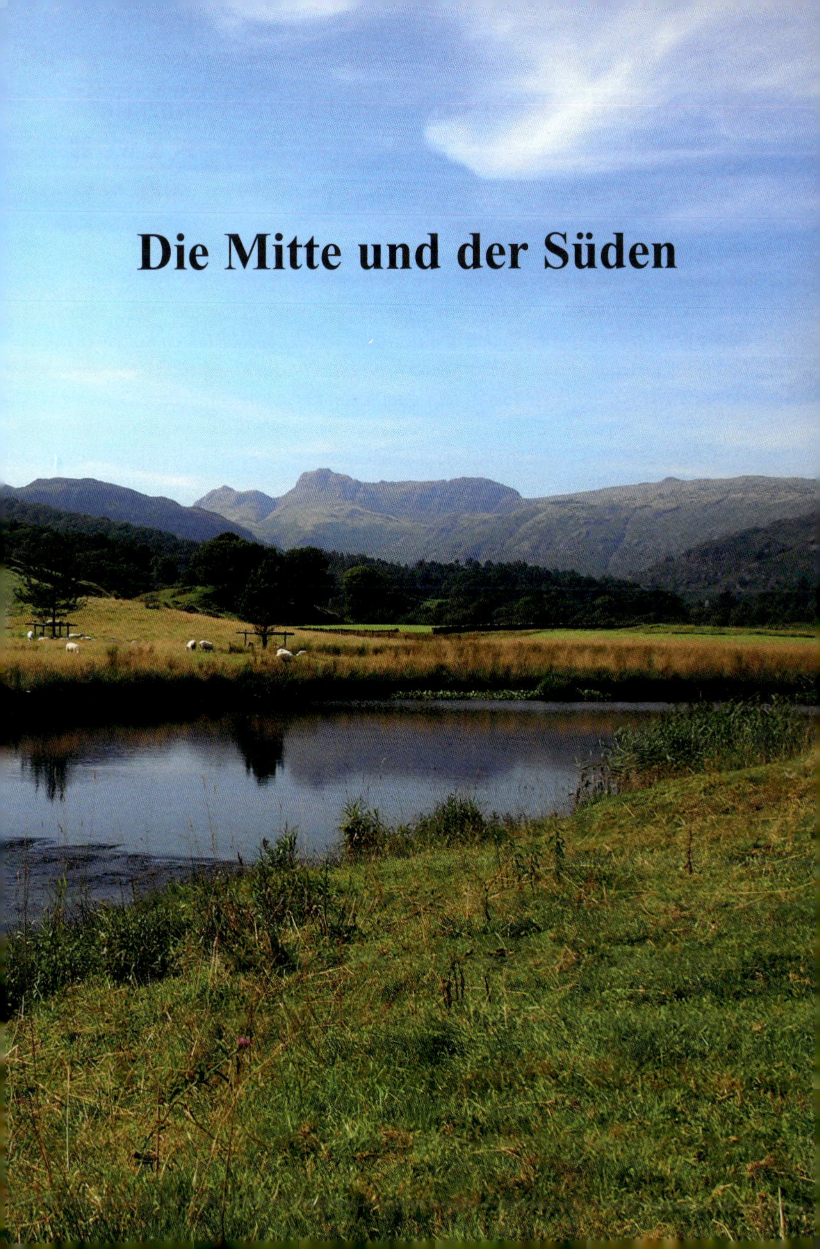

❶ Durch die Täler Great und Little Langdale

Tour für Naturliebhaber

Die benachbarten Täler Great und Little Langdale sind in vieler Hinsicht die Verkörperung von allem, was den Lake District so attraktiv macht: saftiggrüne, von alten Steinmauern durchzogene Schafwiesen, weiß getünchte Höfe, wilde Bäche und verwunschene Wälder, und dies alles vor der spektakulären Kulisse der Bergkette Langdale Pikes. Dieser abwechslungsreiche Rundweg führt teils über kleine, meist gut gepflegte Pfade, teils über kaum befahrene Sträßchen.

- Start/Ziel: New Dungeon Ghyll Hotel, Great Langdale, GPS N 54°26.839' W 003°5.391'
- 14,3 km
- ca. 5 Std. 30 Min.
- 777/777 m
- 82-232 m
- New Dungeon Ghyll (km 0 bzw. 14,3), Old Dungeon Ghyll (km 1,5), Three Shires Inn (km 8,5)
- keine Rastplätze am Weg
- WC öffentliche Toiletten am Start/Ziel (km 0 bzw. 14,3)
- Der Weg ist zwar anstrengend, aber für ältere Kinder gut machbar.
- Für Buggys ist die Wanderung leider nicht geeignet, da die Route oft über sehr schmale, unebene Pfade verläuft.
- Der Weg führt wiederholt über Schafweiden und an Gehöften vorbei, wo Hunde angeleint sein sollten.
- P kostenpflichtiger Parkplatz unterhalb des Hotels
- Linie 516, März bis Okt. ca. alle 90 Min. von Ambleside/Elterwater nach Dungeon Ghyll. Die Haltestelle liegt gegenüber dem Old Dungeon Ghyll (km 1,5), von wo aus Sie den Weg alternativ beginnen können.

Folgen Sie dem Pfad, der links neben dem New Dungeon Ghyll Hotel den Berg hinaufführt. Rechts sehen Sie bald das erste von vielen Becken des Stickle-Ghyll-Wasserfalls. Es lohnt sich ein Abstecher den Berg hinauf, um sich die höher gelegenen Gefälle anzuschauen.

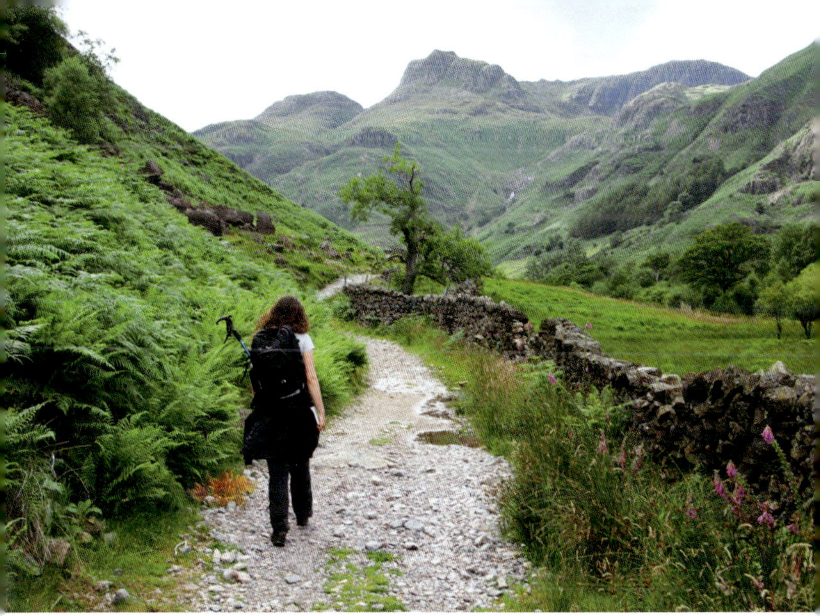

Im Tal Great Langdale

Der eigentliche Weg geht jedoch schon vor dem ersten Becken links ab, von wo Sie auf ein Gatter oben in der Mauer zuhalten. Kurz hinter dem Gatter gabelt sich der Weg. Sie überqueren links eine Brücke und laufen nun zwischen zwei Steinmauern entlang. Gehen Sie durch ein weiteres Gatter und dann auf eine alte Scheune auf der rechten Seite zu.

Die Mauer zu Ihrer Rechten ist einen genaueren Blick wert: Sie ist Teil des sogenannten Ring Garth, einer enormen Mauer, die hier vor über tausend Jahren von den Wikingern gebaut wurde, um das fruchtbare Agrarland im Tal vor Tieren zu schützen. Der Ring Garth umspannte ursprünglich das gesamte Langdale-Tal, doch heute sind nur noch wenige Abschnitte so gut erhalten wie dieser in der Nähe des Dungeon Ghyll.

Nach 1,5 km sehen Sie links das 🛏 🍷 Old Dungeon Ghyll Hotel, dessen urige „Hiker's Bar" (Wandererbar) schon seit über 100 Jahren ein Favorit bei Outdoorenthusiasten ist.

Old Dungeon Ghyll Hotel, Great Langdale, LA22 9JY, 01 53 94/37 27 72, www.odg.co.uk, tägl. 12:00-23:00, warme Küche 12:00-21:00, Hunde willkommen

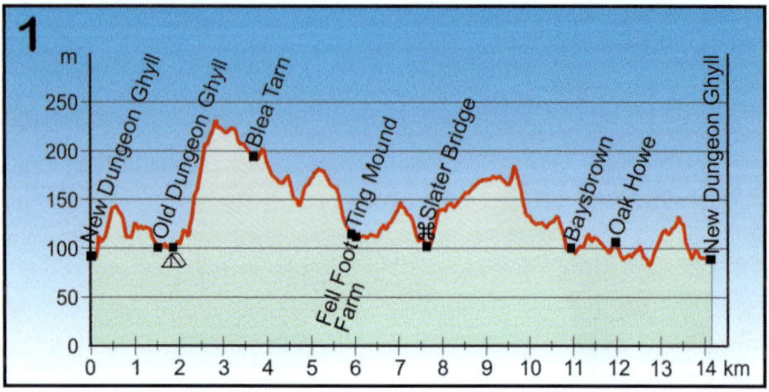

Hier wählen Sie den Pfad, der links zum P Parkplatz herunterführt, und gelangen dann rechts durch die Einfahrt auf eine kleine Straße. Laufen Sie hier links über die Brücke und dann sofort wieder rechts bis zur nächsten Kreuzung, wo es links weitergeht.

Das Great-Langdale-Tal wird schon seit Tausenden von Jahren von Menschen bewohnt. Ausgrabungen haben ergeben, dass hier bereits in der Jungsteinzeit Steinäxte in großer Zahl hergestellt wurden. Die Äxte aus dem glasähnlichen, grünlichen Vulkanstein, den es nur an den Hängen der Berge hier gibt, wurden in ganz England, Schottland und Irland gefunden und scheinen in der Steinzeit eine kostbare Handelsware gewesen zu sein. An den schwer zugänglichen Hängen des Berges Pike O'Stickle finden sich noch heute Überreste von diesen Axtfabriken, in denen vor über 6.000 Jahren Steinbeile hergestellt wurden.

Sie kommen bald zum Great-Langdale-Campingplatz, in den Sie nach links abbiegen. An der ersten Kreuzung zeigt ein Schild mit der Beschriftung „Foot Path" nach rechts. Diesem Pfad folgen Sie den Berg hinauf durch ein kleines Waldgebiet und dann immer weiter mit einer Mauer zu Ihrer Rechten bergauf, bis ein Zaunstieg auf eine Straße führt. Von hier aus sehen Sie schon den See Blea Tarn vor sich. Überqueren Sie die Straße und folgen Sie nun dem Weg, der rechts an dem See vorbeiführt.

Am anderen Ende des Sees gabelt sich der Weg. Ignorieren Sie den Weg, der links über eine Brücke abgeht, und halten Sie sich stattdessen rechts. Sie überqueren jetzt die karge, farnbewachsene Ebene Blea Moss.

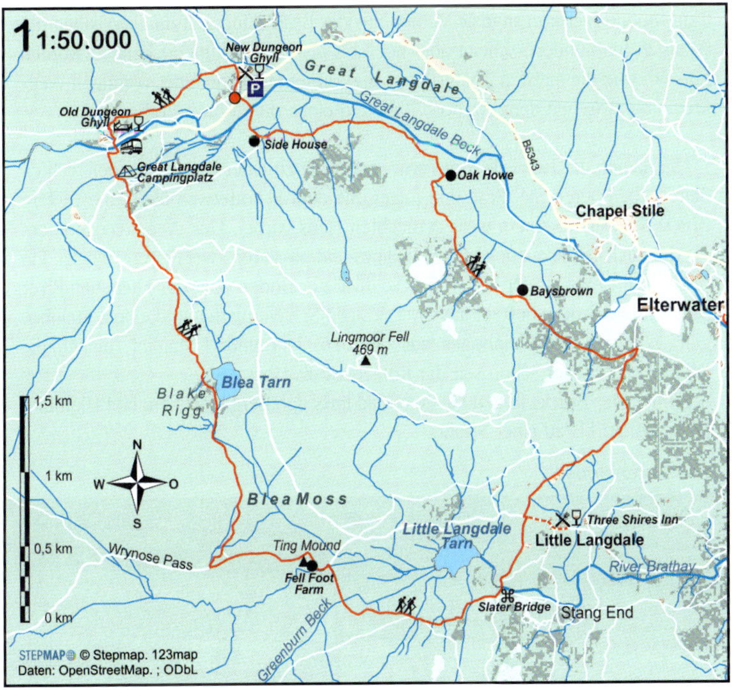

Wenn der Weg ca. 1,2 km hinter dem See in ein mooriges Tal absinkt, ist der Pfad nur schwer zu erkennen. Halten Sie hier einfach geradeaus auf die Straße Wrynose Pass zu, die Sie bald vor sich sehen. Der Wrynose und der sich daran anschließende Hardknott Pass gehören zu den berüchtigsten Gebirgspässen in ganz Großbritannien. Mit Steigungen von bis zu 30 % und halsbrecherischen Kurven sind die beiden Straßen der Albtraum aller nervösen Autofahrer.

An der Straße angekommen halten Sie sich links und folgen ihr den Berg herunter.

↳ Ting Mound: Kurz vor der Rechtskurve geht hier rechts ein Gatter auf eine Weide ab. Der unscheinbare Hügel auf der Wiese zu Ihrer Rechten ist einer von drei Ting Mounds im Lake District. Diese Thingstätten waren wichtige Versammlungsorte unter freiem Himmel, wo man Entscheide traf und Gericht hielt. Der Ting Mound hier im Langdale stammt aus der Besiedlungszeit durch Wikinger im 7. bis 9. Jahrhundert, scheint aber noch bis ins 13. Jahrhundert benutzt worden zu sein. Wie die meisten Thingstätten liegt dieser Hügel an einer wichtigen Wegkreuzung zwischen dem Wrynose Pass und einer alten Römerstraße.

Sie laufen am Hof Fell Foot Farm vorbei bis zu einer Brücke auf der rechten Seite. Überqueren Sie diese und folgen Sie dem Schotterweg über eine weitere Brücke hinweg an einem weiß getünchten Haus vorbei. Der Weg steigt nun an. An der nächsten Kreuzung gehen Sie links und passieren zwei weitere Häuser. Ein Gatter führt bald zu der urigen Brücke ⌘ Slater Bridge über das Flüsschen River Brathay. Die Brücke besteht aus zwei riesigen Schieferplatten und einem Steinbogen. Während der Steinbogen aus dem 16. Jahrhundert stammt, dienen die Schieferplatten hier schon seit der Römerzeit als Übergang.

Hinter der Brücke folgen Sie dem Pfad links den Berg hinauf am Hof High Birk Howe vorbei bis zu einer Straße.

Die Slater Bridge

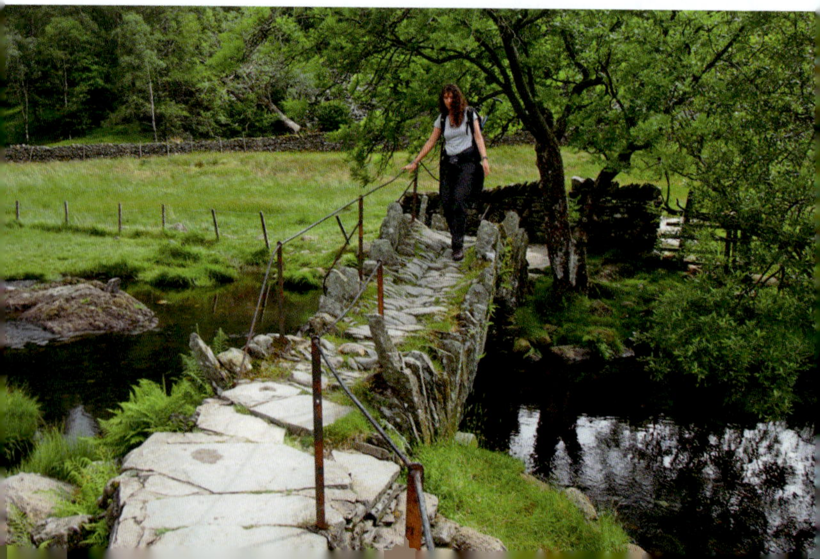

✕🍷 ↳ 300 m nach rechts: Three Shires Inn, Little Langdale, LA22 9NZ, ☎ 01 53 94/372 15, 💻 www.threeshiresinn.co.uk, tägl. 11:00-22:30, warme Küche 12:00-14:00 und 18:00-20:45

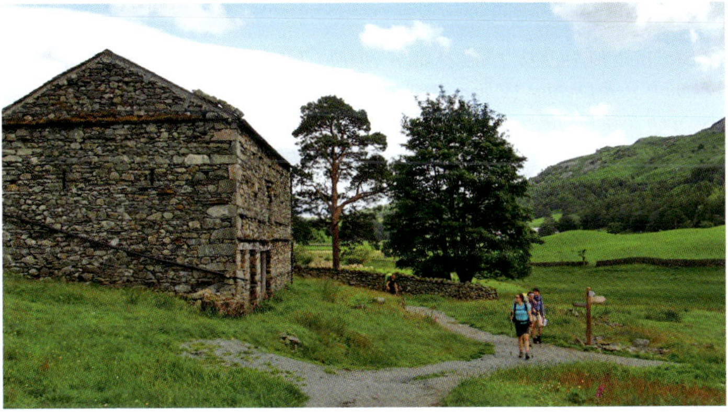

Oak Howe Farm

An der Straße gehen Sie kurz nach links, dann sofort wieder rechts das Sträßchen hinauf, das mit „Unsuitable for motor vehicles" ausgeschildert ist. Hinter einem weiteren Hof ignorieren Sie den Weg, der rechts nach Elterwater herunterführt, und halten geradeaus auf den Wald zu. Der Weg beginnt bald abzufallen und ein Waldweg zweigt nun links ab. Diesem folgen Sie eine Anhöhe hinauf und dann hinunter zu einem Haus, wo Sie links auf eine Asphaltstraße biegen. Nach ca. 1 km passieren Sie die Baysbrown Farm. An der nächsten Gabelung folgen Sie dem Weg nach links, dann an der nächsten Kreuzung nach rechts, um zum Gehöft Oak Howe zu gelangen. Hinter Oak Howe gabelt sich der Weg erneut. Folgen Sie dem nach „New Dungeon Ghyll" ausgeschilderten Pfad nach links. Der Weg verläuft nun am Fuß des Bergs Lingmoor Fells entlang und führt schließlich ins Tal zur Side House Farm. Von hier aus sehen Sie schon das ✕ New Dungeon Ghyll, Ihren Ausgangspunkt, vor sich. Folgen Sie der Einfahrt zur Straße und biegen Sie rechts ab, um wieder zum P Parkplatz zu kommen.

✕🍷 New Dungeon Ghyll, Great Langdale, LA22 9JX, ☎ 01 53 94/372 13, 💻 www.dungeon-ghyll.co.uk, tägl. 8:00-23:00, warme Küche in der Walker's Bar tägl. 8:00-21:00, Hunde willkommen

❷ Wandern mit Wordsworth: Rydal Water und Grasmere

Tour für Literaturfans und Familien

Neben den herrlichen Landschaften ist der Lake District vor allem für eines bekannt: den Dichter William Wordsworth. Auf diesem einfachen Rundweg um die Seen Rydal Water und Grasmere kommen Sie nicht nur an zwei seiner Wohnstätten und seinem Grab vorbei, sondern laufen regelrecht in seinen Fußstapfen: Genau diese Runde drehte er etliche Male selbst, und die atemberaubenden Blicke auf die Seen und umliegenden Berge waren die Inspiration für viele seiner Gedichte.

Start/Ziel: Grasmere, Parkplatz Stock Lane, GPS N 54°27.349' W 003°1.189'

9 km

ca. 2 Std. 30 Min.

664 m/664 m

13-161 m

Rydal Hall Tea Shop (km 3,2), Badgers Bar (km 3,4), etliche Einkehrmöglichkeiten im Ort Grasmere (km 9)

mehrere Bänke in Dora's Field (km 3,2) , Bank mit herrlichem Blick über Rydal Water (km 4,3)

Bademöglichkeit am Rydal Water (km 4,1)

In der Badger Bar auf halbem Weg gibt es Brettspiele für Kinder.

Der Weg führt wiederholt kurz über felsige Abschnitte, ist aber mit einem Geländebuggy machbar.

Abgesehen von kurzen Strecken entlang von Straßen bleibt viel Zeit zum Freilaufen und Herumplanschen in den Seen.

P Parkplatz am Start/Ziel

Linien 555/556 von Kendal/Windermere/Ambleside/Keswick ca. alle 30 Min., Linie 599 von Bowness/Windermere/Ambleside Mo-Fr alle 30 Min., Sa/So alle 20 Min., Haltestelle im Dorfzentrum von Grasmere

Verlassen Sie den P Stock-Lane-Parkplatz nach links und folgen Sie der Straße bis zum Kreisel. Überqueren Sie hier vorsichtig die Straße schräg nach rechts und biegen Sie dann am Wordsworth Shop links in die kleine Straße ab, die direkt am ⌘ Dove Cottage vorbeiführt.

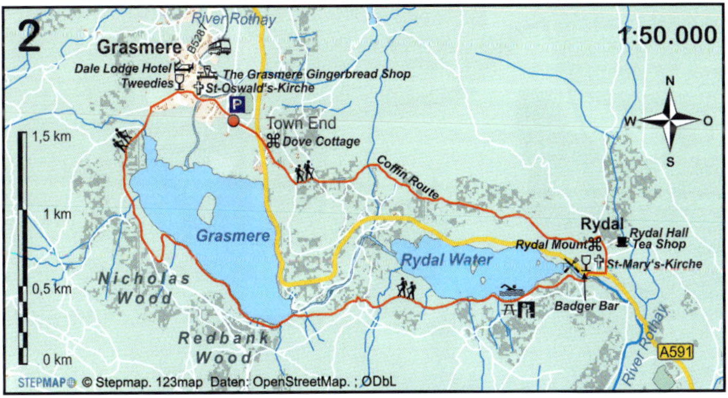

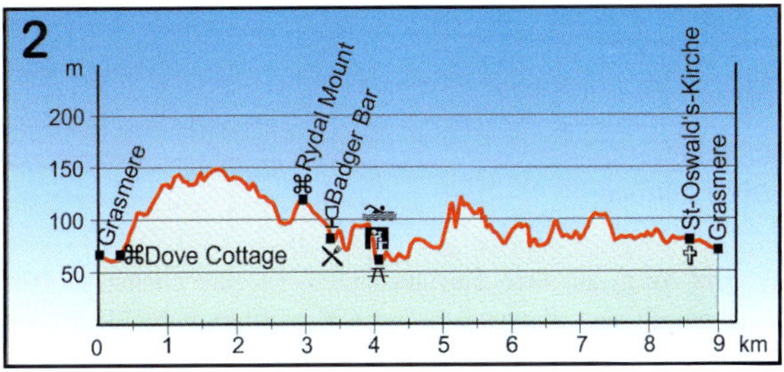

Das weiß getünchte Häuschen Dove Cottage (☞ 📷 S. 26), zu dem jedes Jahr Tausende von Literaturfans aus der ganzen Welt pilgern, war viele Jahre lang das Heim des Dichters William Wordsworth (1770-1850). Wordsworth gilt als einer der bedeutendsten Vertreter der englischen Romantik und Gedichte wie „Ich wandert' einsam wie eine Wolke“ gehören noch heute zur Schullektüre eines jeden englischen Kindes. Wordsworth verfasste seine Verse grundsätzlich draußen beim Wandern, und fast täglich legte er etliche Meilen in den umliegenden Bergen und Tälern zurück.

⌘ Dove Cottage und Wordsworth Museum, Grasmere, LL22 9SH, 💻 www.wordsworth.org.uk, 🚪 1.03.-31.10. tägl. 9:30-17:30, 1.11.-28.02. tägl. 9:30-16:30, Erw. £ 8,25, Kinder unter 16 Jahren kostenlos

Folgen Sie dieser Straße am Dove Cottage vorbei bis zur nächsten Kreuzung.

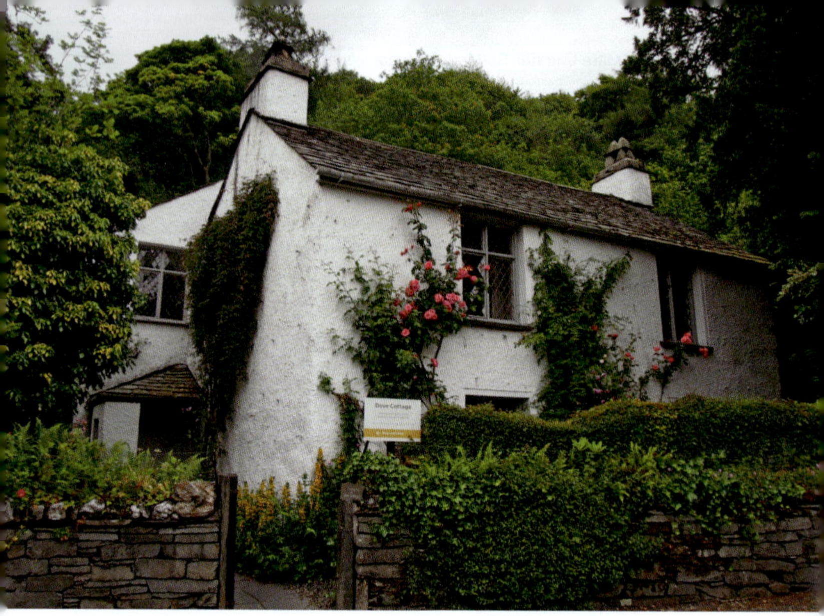

Dove Cottage

Der Weg, auf dem Sie nun laufen, ist eine ehemalige „Coffin Route", ein Leichenweg also. Bevor das rund 6 km entfernte Ambleside eine eigene Kirche bekam, mussten die Särge bei Beerdigungen bis zur Kirche St Oswald in Grasmere getragen werden, was den jeweils vier Trägern viel Kraft abverlangte. Auf der linken Straßenseite kurz hinter dem Dove Cottage kommen Sie an einem flachen Stein vorbei, einem sogenannten Coffin Stone, auf dem die Särge abgesetzt wurden, um den Trägern eine Ruhepause zu gewähren.

🌐 GC1HBNG A Dead End, Schwierigkeit 1, Gelände 1,5, Tradi, Small

An der Kreuzung wählen Sie die zweite Straße links, die mit „Public Footpath to Alcock Tarn and Coffin Route to Rydal" ausgeschildert ist, und folgen dieser immer geradeaus. Am Haus Brockstones geht die Straße in einen Schotterweg über. Laufen Sie hier geradeaus weiter durch ein Gatter und ignorieren Sie den Weg, der rechts abzweigt. Wenn der Weg auf eine Mauer stößt, halten Sie sich links. Nach ca. 1,5 km führt ein Gatter auf ein Sträßchen, das nach Rydal hinunterführt. Zu Ihrer Rechten liegt nun ⌘ Rydal Mount.

Nachdem William Wordsworth sich bereits als Dichter einen Namen gemacht hatte, bezog er 1813 das Haus Rydal Mount mit schönem Blick über den See Rydal Water. Im Vergleich zu dem winzigen Dove Cottage war hier bedeutend mehr Platz für seine mittlerweile siebenköpfige Familie. Neben seiner Frau Mary und den drei Kindern wohnten auch seine Schwester Dorothy sowie seine Schwägerin hier. Wordsworth lebte bis zu seinem Tod 1850 im Alter von 80 Jahren im Rydal Mount und verbrachte viel Zeit mit der Gestaltung des herrlichen Gartens, der noch heute in einem ähnlichen Zustand ist wie zu seinen Lebzeiten.

⌘ Rydal Mount, Ambleside, LA22 9LU, 💻 www.rydalmount.co.uk, 🚪 1.03.-31.10. tägl. 9:30-17:00, 1.11.-28.02. Mi-So 11:00-16:00, Erw. £ 7,25, Kind £ 3,50, nur Garten £ 4,50

Der Weg führt weiter das Sträßchen herunter an dem anglikanischen Konferenzzentrum Rydal Hall vorbei, in dem ein nettes ☕ Café untergebracht ist. Die Gärten sind kostenlos zugänglich.

☕ Rydal Hall Tea Shop, 💻 www.rydalhall.org/tea-shop, 🚪 tägl. 10:00-17:00, Nov.-Ostern 10:00-16:00

Gehen Sie weiter an der ✞ Kirche St Mary's und dem an den Kirchhof angrenzenden ⌘ Dora's Field vorbei, wo mehrere ⩩ Bänke zum Verweilen einladen.

Die Kirche St Mary's wurde 1824 von Lady Anne Le Flemming of Rydal Hall gebaut, die das Haus Rydal Mount an die Wordsworth-Familie vermietete. William Wordsworth besuchte hier oft den Gottesdienst und war von 1833 bis 1834 Gemeindevorsteher.

1826 kaufte Wordsworth das Feld unterhalb des Rydal Mount mit der Absicht, Lady Le Flemming davon abzubringen, seinen Mietvertrag zu kündigen und Rydal Mount stattdessen an einen ihrer Verwandten zu vermieten. Wordsworth drohte ihr, auf dem Feld zu bauen und so die Sicht vom Rydal Mount zu zerstören – eine Taktik, die offenbar Erfolg hatte, denn Wordsworth konnte für den Rest seines Lebens in seinem geliebten Haus bleiben. Als 1847 seine 42-jährige Tochter Dorothy an Tuberkulose starb, pflanzten Wordsworth und seine Frau auf dem Feld Hunderte von Narzissen in Erinnerung an sie. Die Wiese ist deshalb heute als „Dora's Field" bekannt.

✞ St Mary's, Rydal, LA22 9LX, 💻 stmarysrydal.webplus.net, 🚪 tägl. 10:00-18:00

⌘ Dora's Field, Rydal, LA22 9LX, 🚪 frei zugänglich

Der Weg führt nun den Berg hinab bis zur Kreuzung mit der Straße A591. Hier laufen Sie rechts den Bürgersteig entlang bis zur urigen Badger Bar.

Badger Bar, Ambleside, LA22 9LR, ☏ 01 53 94/345 00, www.theglenrothay.co.uk, tägl. 9:00-23:00, warme Küche 9:00-11:00, 12:00-15:00 und 18:00-21:00. Es gibt viele Brettspiele, Hunde sind gern gesehen.

Überqueren Sie hier vorsichtig die Straße und gehen Sie durch die Öffnung in der Mauer, von wo aus Sie schon die Brücke über den Fluss Rothay sehen. Sie folgen dem Weg über den Fluss nach rechts und kommen durch ein Gatter. Hinter einem kleinen Waldgebiet erreichen Sie den See Rydal Water, wo Sie den unteren Pfad entlang des Ufers nehmen.

Wegen seiner geringen Tiefe und eines Bootsverbots ist der See hier perfekt zum Schwimmen geeignet.

Von der Bank am Ufer hat man einen herrlichen Blick über den See.

Rydal Water

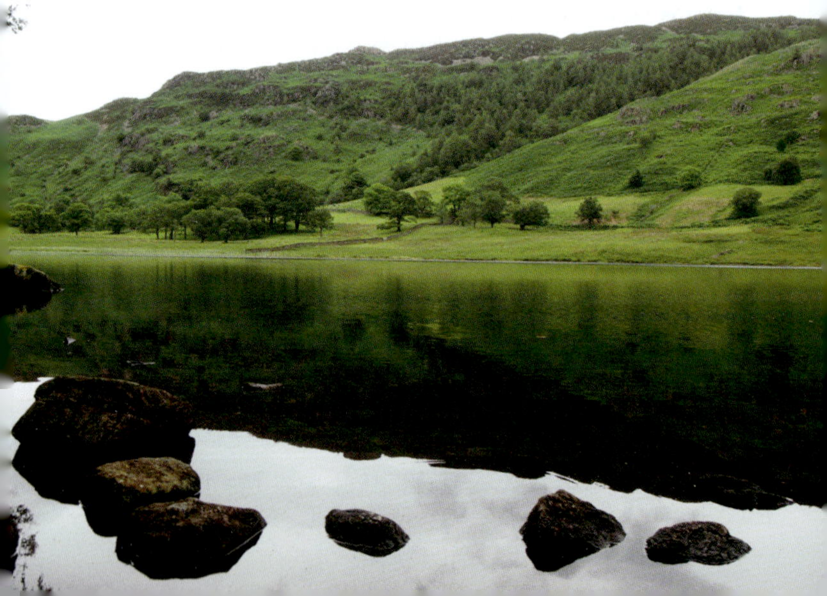

Der Weg steigt bald an und führt vom Rydal Water weg. Ignorieren Sie den Weg, der links abzweigt, und halten Sie nun auf den See Grasmere zu, den Sie bald vor sich sehen. Der Weg führt bald hinunter zum Ufer des Grasmere, dem Sie ca. 1,2 km folgen, bis Sie ein kleines Gebäude erreichen. Dort halten Sie sich links und entfernen sich kurz vom Ufer. Nach weiteren 1,3 km stoßen Sie auf eine kleine Autostraße. Folgen Sie dieser nach rechts in das Dorf Grasmere herein. Am Dale Lodge Hotel halten Sie sich rechts. Zum Hotel gehört die Bar Tweedies, in der man auch gut essen kann.

Tweedies, Broadgate, LA22 9SW, ☏ 01 53 94/353 00,
www.dalelodgehotel.co.uk, tägl. 12:00-23:00, warme Küche Mo-Sa 12:00-15:00 und 18:00-21:00, So 12:00-15:30 und 18:30-21:00, Hunde willkommen

Wenn Sie die Kreuzung an der St Oswald's Church erreichen, führt der Weg rechts weiter.

Um in den eigentlichen Ortskern mit zahlreichen Einkehrmöglichkeiten zu kommen, gehen Sie stattdessen nach links. Nach einigen Schritten sehen Sie rechts den Grasmere Gingerbread Shop, wo Sie unbedingt den hier hergestellten Lebkuchen probieren sollten. Das Rezept ist so geheim, dass es im Tresor der NatWest Bank in London liegt.

The Grasmere Gingerbread Shop, Church Cottage, LA22 9SW,
www.grasmeregingerbread.co.uk, tägl. 9:30-17:30

Bevor Sie Grasmere verlassen, sollten Sie außerdem der St Oswald's Church einen Besuch abstatten: Auf dem Friedhof der im 14. Jahrhundert erbauten Kirche liegen William Wordsworth und seine Familie begraben. Die Kirche selbst ist dem angelsächsischen König Oswald geweiht, der als Heiliger verehrt wird und im 7. Jahrhundert hier gepredigt haben soll. Am 5. August, dem St.-Oswald-Tag, findet das sogenannte Rushbearing-Festival (Binsen-Fest) statt. Weil viele Kirchenböden früher nicht gefliest waren, wurde einmal im Jahr eine Schicht frischer Binsen auf die Erde gelegt – eine Tradition, die man in Grasmere noch heute pflegt.

Von der Kirche aus folgen Sie der Straße Stock Lane nach rechts und gelangen zurück zu Ihrem Ausgangspunkt.

❸ Von Ambleside zur High Sweden Bridge

Tour für Familien und Naturliebhaber

Diese leichte Wanderung zu der urigen Brücke Sweden Bridge ist kurz, aber sehr lohnenswert. Der gute, wenn auch oft felsige Pfad ist auch ohne Karte und Kompass leicht zu finden und bietet herrliche Blicke über die umliegenden Berge. Der Weg führt schnell steil aus dem Städtchen Ambleside heraus und verläuft dann an alten Steinmauern entlang durch ein Waldgebiet zur High Sweden Bridge, von wo es dann mit schönem Blick auf Lake Windermere wieder zurück ins Tal geht.

Start/Ziel: Touristeninformation in Ambleside, GPS N 54°25.958' W 002°57.784'

5,2 km

ca. 1 Std. 30 Min.

505 m/505 m

55-280 m

etliche Einkehrmöglichkeiten in Ambleside (km 0 bzw. 5,2)

Es gibt keine Rastplätze am Weg, aber die Felsblöcke an der Brücke (km 2,6) eignen sich gut für ein Picknick.

Der abwechslungsreiche Weg macht auch Kindern Spaß.

Der Weg ist leider zu steil und felsig für Buggys.

Kurz hinter der High Sweden Bridge muss ein „Ladder Stile", eine Leiter über eine Mauer, überquert werden, die aber für die meisten Hunde kein Problem ist.

Am günstigsten gelegen sind der Main Car Park an der A593 (GPS N 54°26.017' W 002°57.833') sowie der direkt gegenüber von diesem gelegene Parkplatz der Universität von Cumbria.

Die Linien 505, 516, 555 und 599 von Kendal/Windermere/Ambleside/Coniston/Keswick halten ca. alle 30 Min. an der Kelsick Road in Ambleside.

Der Weg beginnt an der Touristeninformation neben der Post in der Rydal Road. Von hier aus laufen Sie links die North Road am Unicorn Inn vorbei. An der Kreuzung gehen Sie geradeaus die Kirkstone Road hoch und biegen dann sofort wieder links in die Sweden Bridge Lane.

Am Ende dieses Sträßchens führt ein Gatter auf einen von alten Steinmauern gesäumten Weg, dem Sie nun immer geradeaus in nördlicher Richtung folgen. Sie gelangen bald in das Wäldchen Rough Sides, an dessen Ende der Weg links zur urigen High Sweden Bridge über den Bach Scandale Beck führt.

GCPBP5 Swedish Delight, Schwierigkeit 2, Gelände 3, Tradi, Regular

Die glatten Felsen an der Brücke geben einen schönen Picknickplatz her.

Der Name Sweden Bridge hat zwar nicht direkt etwas mit Schweden zu tun, aber eine Verbindung zu Skandinavien besteht trotzdem: Der Name kommt vom altnordischen Svithinn, was so viel wie „Brandrodung" bedeutet. Wie so viele alte Brücken im Lake District handelt es sich bei der Sweden Bridge um eine Packhorse Bridge. Diese ehemaligen Packpferdebrücken wurden meist ohne Geländer gebaut, damit sich die Tragkörbe nicht an den Brückenseiten verfingen.

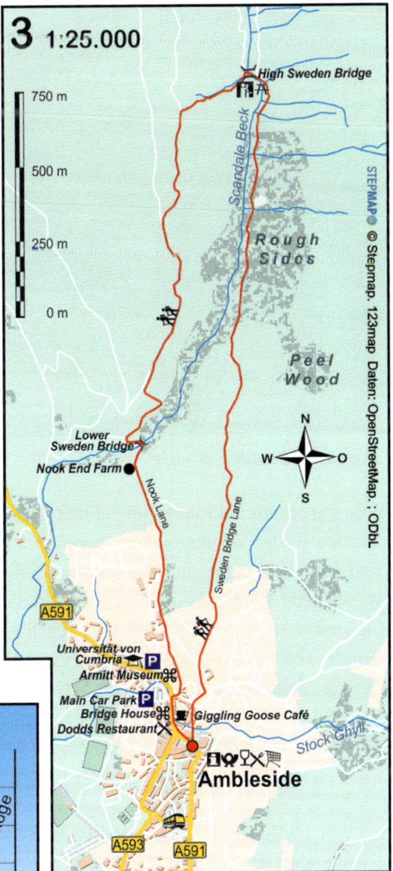

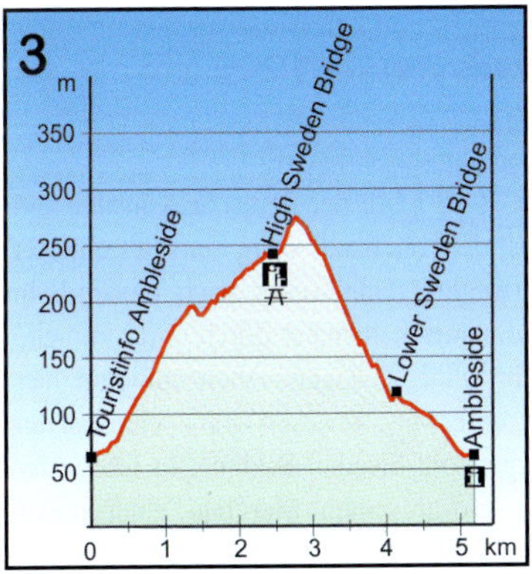

Hinter der Brücke gehen Sie durch ein Gatter und dann nach links. Der Weg führt über Felsstufen nach oben zu einem Mauerstieg, den Sie überqueren. Kurz dahinter treffen Sie auf einen breiteren Pfad, dem Sie nach

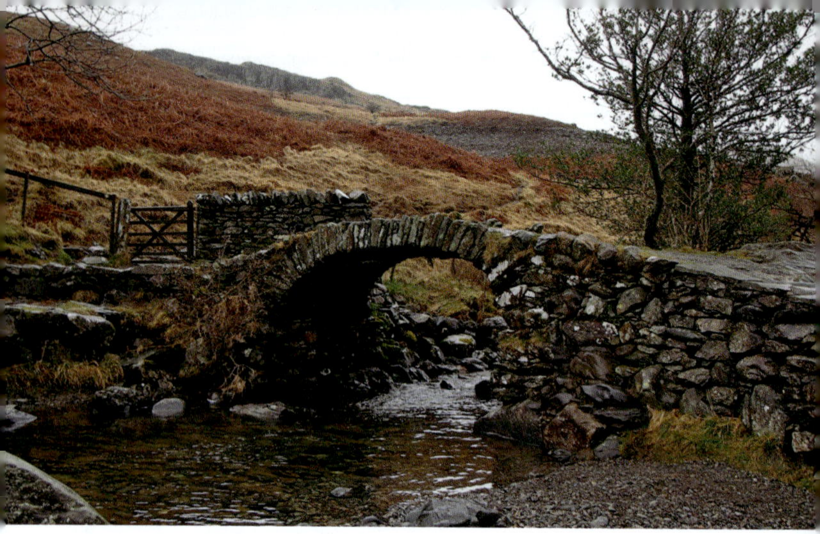

Die urige Sweden Bridge

links zurück ins Tal folgen. Im Tal macht der Pfad eine Linkskurve, um die Lower Sweden Bridge zu überqueren. Von hier aus führt der Weg über den Hof Nook End Farm und dann über das schöne Sträßchen Nook Lane an der kleinen Universität von Cumbria zurück nach Ambleside. Am Ende der Nook Lane biegen Sie rechts in die Smithy Brow und gehen einige Schritte weiter bis zum Kreisel. Auf der rechten Seite liegt das interessante ⌘ Armitt Museum, wo u. a. viele Bilder von Beatrix Potter sowie Kurt Schwitters zu sehen sind.

⌘ The Armitt, Rydal Road, LA22 9BL, 💻 www.armitt.com, 🚪 Mo-Sa 10:00-17:00, Eintritt £ 3,50

Von 1945 bis zu seinem Tod im Jahr 1948 lebte der deutsche Künstler und Dichter Kurt Schwitters in Ambleside. Nachdem die Nazis seine Kunst als entartet diffamiert hatten, floh er erst nach Norwegen, dann weiter nach England. In Ambleside schlug er sich als Portrait- und Landschaftsmaler durch und sammelte auf langen Spaziergängen Materialien für seine Collagen. Auch auf dem hier beschriebenen Weg wird er sicherlich oft unterwegs gewesen sein – eines seiner Werke trägt sogar den Namen „Landscape from Sweden Bridge“. In Elterwater bei Ambleside arbeitete er bis zu seinem Tod an seinem Merzbau, einer Hütte, die er durch Collagen in ein Gesamtkunstwerk verwandelte.

Gehen Sie am Kreisel links in die Rydal Road, die Sie zurück in den Ortskern führt. Auf der rechten Seite sehen Sie bald das ⌘ Bridge House vor sich, ein winziges Häuschen aus dem 17. Jahrhundert auf einer Brücke über den Stock Beck, dessen zwei zwergenhafte Räume tagsüber kostenlos zu besichtigen sind. Kurz vor der Brücke geht links der Eingang zum ✕ ☕ Giggling Goose Cafe ab, einer ehemaligen Mühle, wo man sehr schön auf der Terrasse am Fluss sitzen kann.

Blick über Ambleside

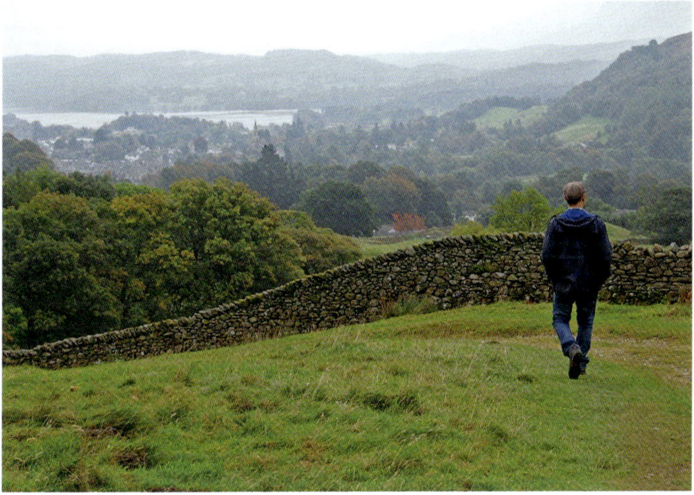

✕ ☕ Giggling Goose Cafe, The Old Mill, North Road, Ambleside, LA22 9DT, ☏ 01 53 94/333 70, 💻 www.gigglinggoose.co.uk, 🚪 tägl. 10:30-16:45, 🐕 Hunde willkommen

Ein paar Schritte weiter auf der rechten Seite liegt ✕ Dodds Restaurant.

✕ Dodds Restaurant, Rydal Road, Ambleside, LA22 9AN, ☏ 01 53 94/321 34, 💻 www.doddsrestaurant.co.uk, 🚪 tägl. 12:00-14:45 und 17:00-21:00, gute italienische Küche

Folgen Sie der Straße bis zur Kreuzung, wo Sie wieder auf Ihren Ausgangspunkt treffen.

4 Orrest Head

Tour für Familien

Der Orrest Head mit seinen 239 m ist eigentlich nur ein kleiner Hügel, aber kaum sonstwo im Lake District bekommt man für so wenig Mühe so viel geboten, denn von seinem Gipfel aus öffnen sich weite Blicke über den See Windermere und die umliegenden Berge bis hin zur Küste. Nach dem einfachen Aufstieg über einen Serpentinenweg führt diese Rundtour über Schafwiesen und ruhige Sträßchen durch die beschaulichen Täler östlich von Windermere.

- Start/Ziel: Windermere, gegenüber der NatWest Bank, GPS N 54°22.851' W 002°54.320'
- 7,8 km
- ca. 2 Std. 20 Min.
- 490 m/490 m
- 123-240 m
- zahlreiche Einkehrmöglichkeiten in Windermere (km 0 bzw. 7,8)
- mehrere Sitzbänke auf dem Gipfel des Orrest Head (km 1,3)
- Kinder können anhand einer Tafel auf dem Orrest Head die umliegenden Berge ausmachen.
- Der Aufstieg zum Orrest Head ist mit Buggy gut machbar, der restliche Weg ist leider für Kinderwagen ungeeignet.
- Der Weg führt über mehrere Schafweiden und über wenig befahrene Sträßchen.
- Parkmöglichkeit am Bahnhof Windermere, ca. 200 m vom Startpunkt (£ 3 für 4 Std.)
- Linie 6 über Barrow/Ulverston/Newby Bridge Mo-Sa sechsmal tägl., So dreimal tägl.; Linie 505 über Kendal/Ambleside/Coniston stündlich; Linie 508 über Penrith/Pooley Bridge/Patterdale Mo-Sa stündlich, So alle 2 Std.; Linie 555 über Keswick/Grasmere/Ambleside/Kendal alle 30 Min.; Linie 599 über Bowness/Ambleside/Grasmere Mo-Fr halbstündlich, Sa/So alle 20 Min.; Linie 755 über Kendal/Ings/Bowness dreimal tägl.
- Der Bahnhof Windermere liegt 250 m östlich vom Startpunkt. Es fahren Züge nach Kendal und Oxenholme, von wo aus es Verbindungen in den Rest des Landes gibt, jeweils stündlich.

Von der Hauptstraße A591, die durch Windermere führt, geht gegenüber der NatWest Bank ein Weg ab, der nach Orrest Head ausgeschildert ist. Ignorieren Sie den linken Weg und gehen Sie geradeaus den Berg hinauf. Der Weg windet sich nun in Schleifen hoch zum Gipfel.

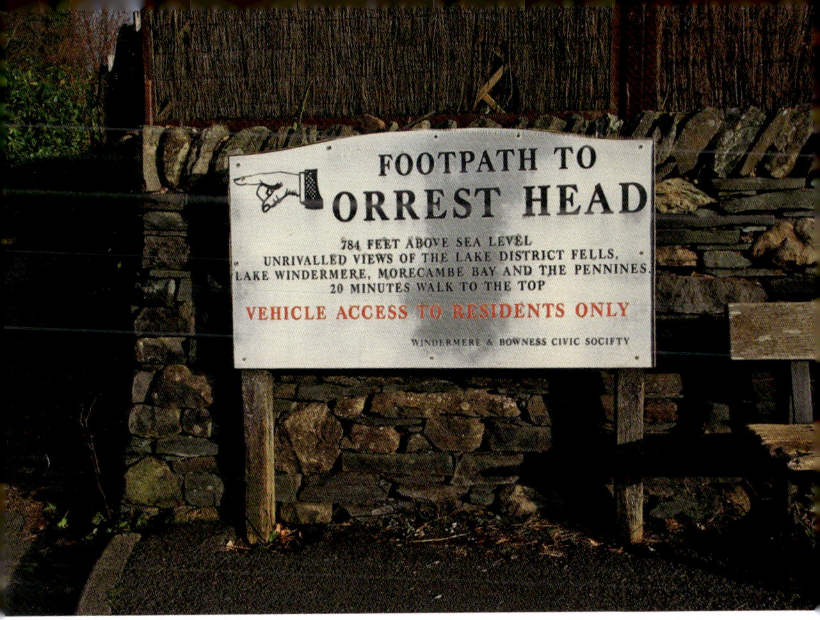

Schild am Beginn des Weges

Mehrere Sitzbänke laden auf dem Gipfel zum Verweilen ein und auf einer Tafel sind die Berge verzeichnet, die man vom Orrest Head aus sehen kann.

GCNQQA Orrest Head, Schwierigkeit 2, Gelände 2,5, Tradi, Small

Der lange, schmale Windermere, den Sie unten im Tal vor sich sehen, ist mit seinen 19 km Länge der größte See Englands. Der Name soll auf einen Wikinger namens Vinandr zurückgehen. Ähnlich wie Loch Ness in Schottland hat auch Windermere sein eigenes Monster vorzuweisen: Immer wieder behaupten Leute, ein aalähnliches, um die 6 m langes Wesen mit zwei Buckeln im See gesehen zu haben. Da es meistens in der Nähe des Ortes Bowness-on-Windermere gesichtet wird, ist das Windermere-Monster als Bownessie bekannt.

Nachdem Sie die Aussicht hier genossen haben, gehen Sie in nördlicher Richtung auf ein weißes Gehöft im Tal zu. Der Weg führt durch einen Mauerdurchgang und über ein Feld und dann parallel zu einer Mauer weiter, bis Sie schließlich in der Nähe des Hofes Causeway Farm auf eine kleine Straße stoßen.

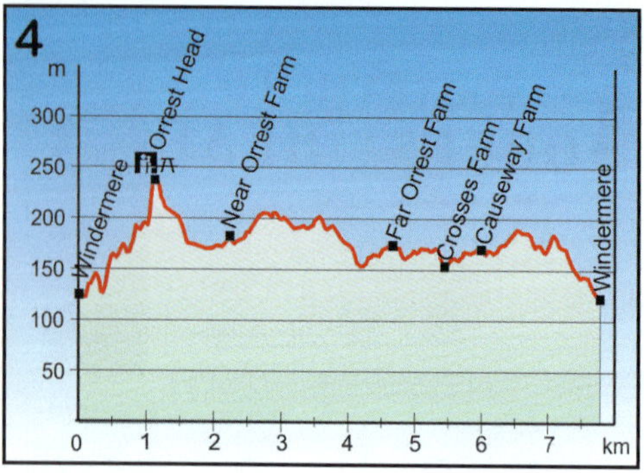

Gehen Sie hier 180 m nach rechts, dann verlassen Sie die Straße an einem weiteren Mauerdurchgang nach links und folgen dem nach „Far Orrest" ausgeschilderten Weg. Sie gehen an der Near Orrest Farm vorbei. Ein Gatter führt in einen kleinen Wald und dann auf eine Schafweide.

Schafarten

Schafe sind aus dem Lake District einfach nicht wegzudenken. Nach dem Tourismus ist die Schafzucht die größte Einkommensquelle der Region. Aber längst nicht alle Arten sind für das raue nordenglische Klima geeignet. In den Lakes überwiegen vor allem die folgenden drei Rassen: die freundlich aussehenden, zot-

Am Hof Far Orrest

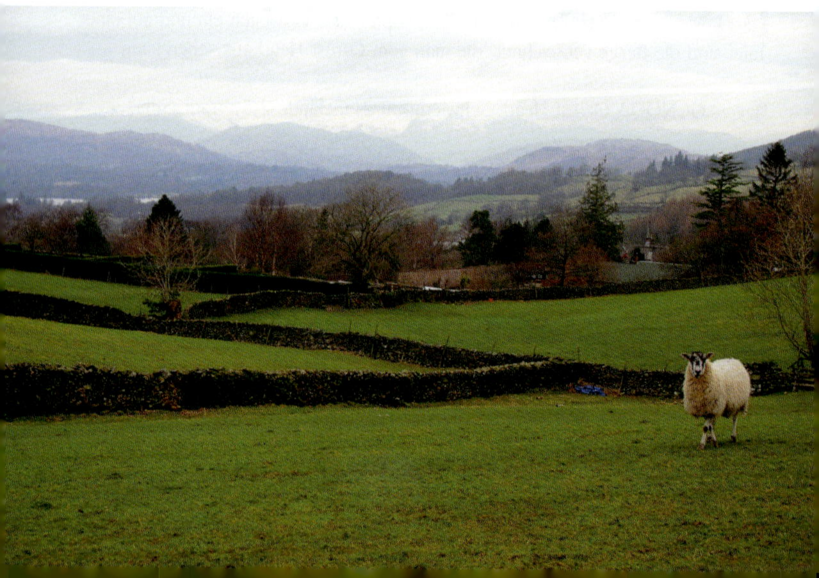

teligen Herdwicks mit weißem Kopf und grauem oder braunem Fell, die Swaledales aus der benachbarten Grafschaft Yorkshire mit schwarz-weißen Köpfen und Beinen und gerundeten Hörnern, die ein wenig wie Ziegen aussehen und extrem widerstandsfähig sind, weshalb man selbst auf den höchsten Bergen und in den einsamsten Mooren noch auf sie trifft, sowie die Texel-Schafe, die von der gleichnamigen holländischen Insel stammen und an ihrem breiten, flachen Kopf zu erkennen sind.

Wer sich für die Schafzucht im Lake District interessiert, dem sei das folgende Buch empfohlen: 🕮 „Mein Leben als Schäfer“ von James Rebanks, Bertelsmann Verlag, ISBN 978-3570102916

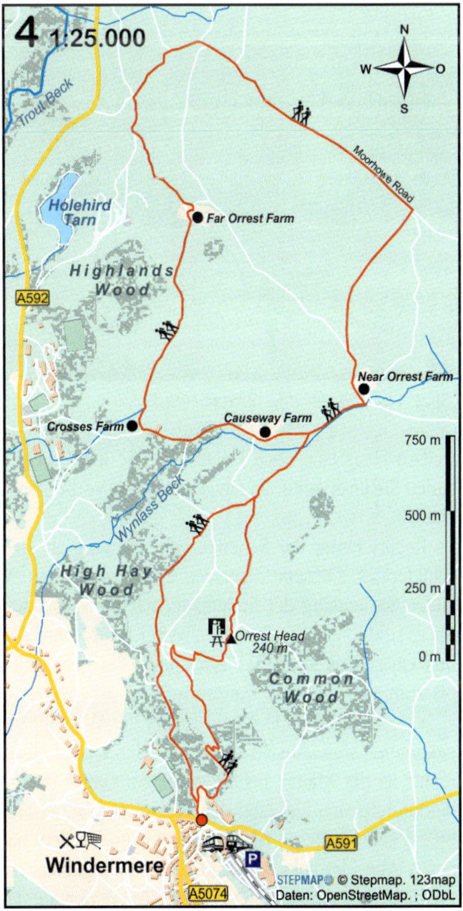

Halten Sie nun schräg rechts auf einen Hügel zu und gehen Sie durch eine Öffnung in der Mauer auf eine weitere Weide. Mit der Steinmauer zu Ihrer Linken überqueren Sie zwei weitere Wiesen in nordöstlicher Richtung, bis Sie über einen Zaunstieg auf das kaum befahrene Sträßchen Moorhowe Road stoßen. Hier gehen Sie 1 km nach links, bis kurz nach einer Linkskurve an einem

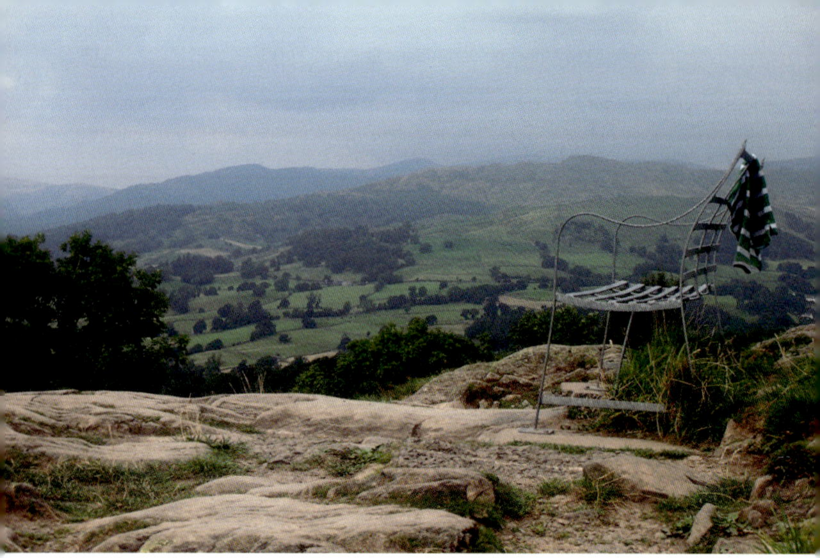

Blick vom Gipfel des Orrest Head

weißen Haus eine noch kleinere Straße links abzweigt. Wenn diese sich gabelt, laufen Sie links weiter an einigen Häusern vorbei, bis Sie den Hof Far Orrest erreichen.

Rechts hinter der Scheune geht ein Weg ab, der nach Crosses Farm ausgeschildert ist. Diesem folgen Sie über zwei Felder. Am Ende des zweiten Feldes laufen Sie entlang der Steinmauer nach links bis zu einem Gatter. Durchqueren Sie es und folgen Sie dem Weg weiter in südlicher Richtung, bis Sie einige Häuser und ein kleines Sträßchen erreichen. Hier gehen Sie links und folgen der Straße bis zum nächsten Hof, Causeway Farm.

Kurz hinter dem Hof geht rechts der Weg ab, über den Sie auf dem Hinweg gekommen sind. Anstatt zurück auf den Orrest Head zuzulaufen, halten Sie sich rechts an der Mauer, bis Sie zu einem Gatter kommen. Gehen Sie durch dieses hindurch, peilen Sie dann den Wegweiser schräg rechts an und laufen Sie weiter bis zu einer weiteren Mauer. Hier folgen Sie dem nach Windermere ausgezeichneten Weg, der links am Rande eines Waldgebiets entlang verläuft. Bald geht der Weg links ab, um zwei schön gewelllte Weiden auf das Waldgebiet zu schräg links zu überqueren (GPS N 54°23.273' W 002°54.448'). Ein Gatter führt in den Wald, wo Sie nun den Weg, der rechts hinunterführt, wählen. Wenn der Weg sich gabelt, halten Sie sich links und kommen bald wieder an Ihrem Ausgangspunkt an.

⑤ Elterwater und Loughrigg Tarn

Tour für Freunde von Wasser und Natur

Besonders wenn im Sommer die Seerosen blühen, gehört der Bergsee Loughrigg Tarn vor der Kulisse der Gebirgskette Langdale Pikes zu den malerischsten Orten im ganzen Lake District.

Dieser einfache Rundweg beginnt und endet an dem schönen Pub Britannia Inn, führt auf asphaltierten Wegen am See Elter Water vorbei zum Wasserfall Skelwith Force und dann steil hinauf zum Loughrigg Tarn. Der restliche Weg verläuft auf kleinen Pfaden über Schafwiesen, über farnbewachsene Anhöhen und durch Wälder wieder zurück nach Elterwater.

Start/Ziel: Britannia Inn in Elterwater, GPS N 54°26.046' W 003°02.260'
6,5 km
1 Std 30 Min.
441 m/441 m
55-144 m
Chesters by the River (km 2,6), Talbot Bar (km 2,7)
Picknickplatz am Fluss Brathay (km 2,7)
Der See Loughrigg Tarn (km 3,9) eignet sich sehr gut zum Schwimmen.
Kinder können schön an den Bach- und Seeufern spielen.
Der Weg bis zum Loughrigg Tarn ist perfekt für Buggys geeignet, wenn auch der letzte Anstieg recht steil ist. Am See sollten Sie jedoch umkehren, da der Weg von hier an über Zaunstiegen und enge Pfade führt.
Es geht wiederholt über Schafweiden, wo Hunde angeleint sein sollten.
P Im Zentrum von Elterwater gibt es einen gebührenpflichtigen Parkplatz, aber man kann auch gut umsonst an der Straße B5343 kurz vor dem Ortseingang parken.
Linie 516 von Ambleside, ca. alle 90 Min., die Haltestelle Elterwater liegt am Startpunkt.

Mit dem Rücken zum Britannia Inn gehen Sie über den P Parkplatz auf das Flüsschen Great Langdale Beck zu, durchqueren ein Gatter und folgen nun auf einem breiten Weg dem Flussverlauf in südöstlicher Richtung. Sie gehen durch ein kleines Waldgebiet und erreichen dann durch ein Holzgatter den schönen See Elter Water (☞ S. 16-17).

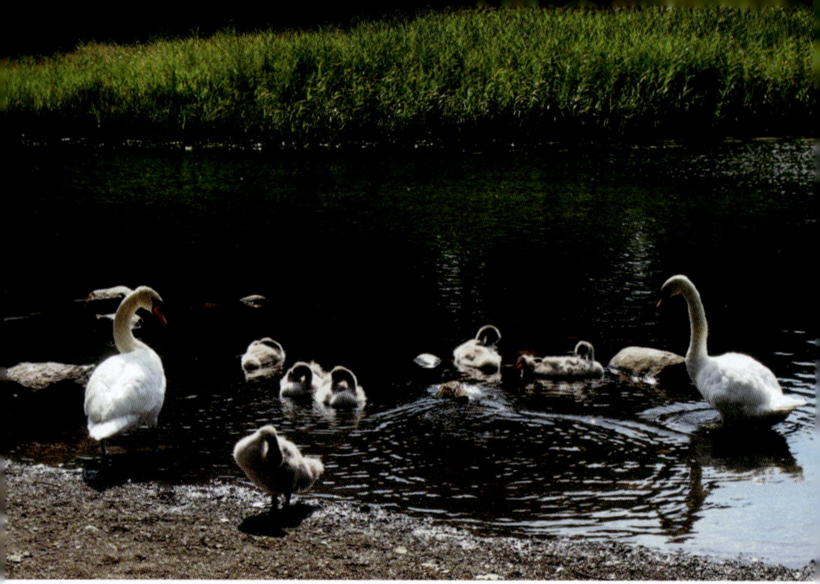

Schwäne am See Elter Water

Der Name Elter Water kommt aus dem Altnordischen und bedeutet so viel wie „Schwanensee“. Ein passender Name, denn noch heute finden sich auf dem Gewässer sehr viele Schwäne, die sich gern füttern lassen. Eine beliebte Quizfrage in Großbritannien lautet übrigens: Wie viele Lakes gibt es im Lake District? Die Antwort: nur einen, nämlich den Bassenthwaite Lake. Alle anderen Seen im Lake District tragen die Namen „Mere“, „Tarn“ oder eben wie in diesem Fall „Water“.

Folgen Sie dem breiten Weg ca. 700 m am See entlang in ein weiteres Waldgebiet. Nun gehen Sie nicht rechts über die Brücke, sondern halten sich links, um zum Wasserfall Skelwith Force zu kommen. ↳ Es lohnt sich, hier kurz rechts hinunterzugehen, um sich den Wasserfall aus der Nähe anzuschauen.

Folgen Sie dem Weg weiter entlang des Flussverlaufes und gehen Sie dann durch ein kleines Industriegelände, um beim ✕ Chesters by the River auf die Straße A593 zu stoßen.

✕ Chesters by the River, Skelwith Bridge, LA22 9NJ, 💻 www.chestersbytheriver.co.uk, ☎ 01 53 94/347 11, 🚪 tägl. 9:00-17:00, 🐕 Hunde willkommen, sehr schöne Terrasse direkt am Fluss

An der Brücke findet sich ein kleiner Picknickplatz. Gehen Sie nun links an der Straße am Skelwith Bridge Hotel entlang bis zur Kreuzung.

Talbot Bar im Skelwith Bridge Hotel, Skelwith Bridge, LA22 9NJ, 01 53 94/321 15, www.skelwithbridgehotel.co.uk, tägl. 12:00-23:00, warme Küche 12:00-16:00 und 17:00-21:00, Kindermenü, Hunde willkommen

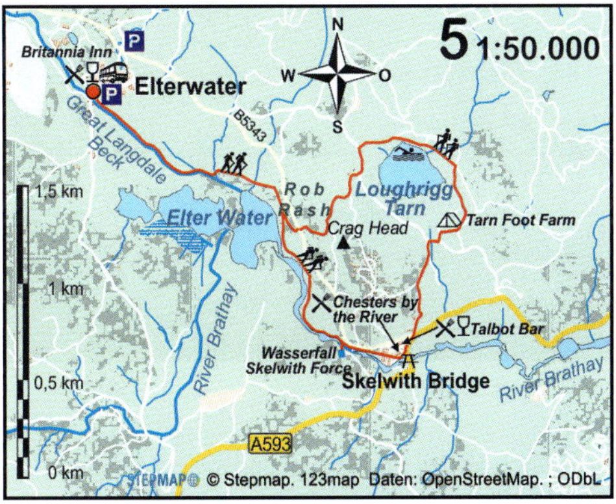

Überqueren Sie hier die Straße, die links nach Elterwater führt, und gehen Sie rechts am weißen Haus die kleine Straße hoch, die steil den Hang hinaufführt. Diesem Sträßchen folgen Sie bis zum Ende und gehen dann kurz nach rechts. Nach wenigen Schritten führt ein Pfad links den Hang hoch.

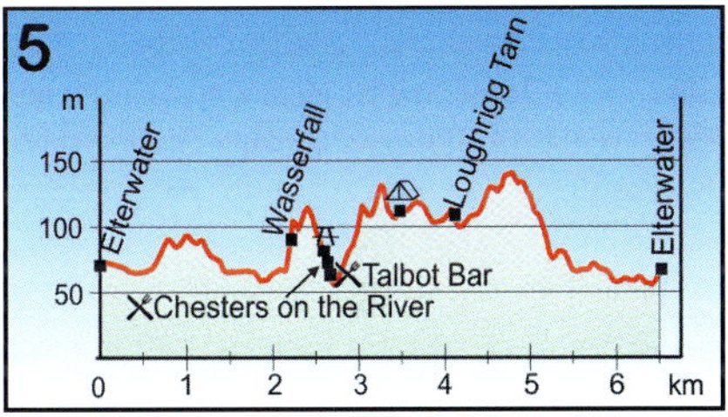

Folgen Sie diesem zu einigen Häusern, wo Sie sich rechts halten. Sie gehen durch ein Gatter und am Campingplatz Tarn Foot Farm vorbei und sehen dann schon bald den See Loughrigg Tarn vor sich.

Der See Loughrigg Tarn war ein Favorit des Dichters William Wordsworth. Er beschrieb ihn als „rund, klar und so glänzend wie der Himmel" und in Anklang an den Nemisee in Italien als „Spiegel der Diana". Besonders beeindruckend ist die Sicht von hier auf die sogenannten Langdale Pikes, eine Gruppe von drei Bergen (Loft Crag, Harrison Stickle und Pike o'Stickle), deren Gipfelformationen zu den schönsten im Lake District gehören.

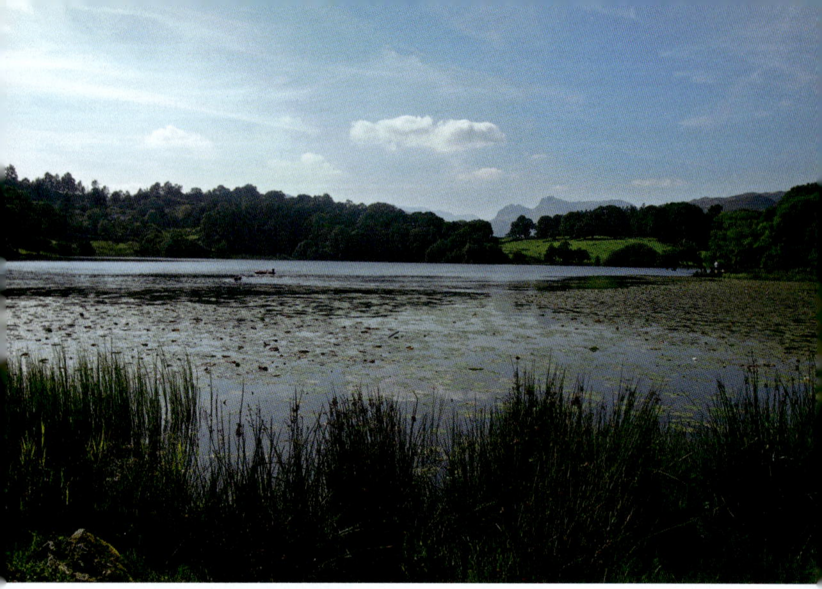

Der See Loughrigg Tarn

Halten Sie auf den See zu und steigen Sie dann über einen Zaunstieg auf den breiten Wiesenweg, der nördlich um den See herumläuft.

🏊 Der flache See ist ideal zum Schwimmen geeignet.
🌐 GCVH9A Diana's Looking Glass, Schwierigkeit 1,5, Gelände 1,5, Letterbox Small

Folgen Sie diesem Weg, bis er über einen Zaunstieg auf eine Straße führt. Hier gehen Sie nach links, bis nach ca. 250 m rechts ein Asphaltweg zu einem Haus abzweigt. Folgen Sie diesem an dem Haus vorbei und zu einem weiteren Haus. Wenige Meter hinter diesem zweiten Haus führt nun rechts ein kleiner Pfad durch den Farn den Hang hinauf auf den Hügel Crag Head (GPS N 54°25.771' W 003°1.009'). Folgen Sie diesem Pfad den Hügel hoch und dann herunter ins Tal. Halten Sie sich links von der Steinmauer am Waldrand, bis Sie zu einem Mauerstieg kommen, der in den Wald Rob Rash führt.

Dieser Wald ist eines der Gebiete im Lake District, in dem es noch viele „Red Squirrels“, also europäische Eichhörnchen, gibt. Die rötlichen Tiere sind in England fast ganz von den größeren grauen Eichhörnchen verdrängt worden, die am Ende des 19. Jahrhunderts aus Nordamerika eingeführt wurden. Auf die 2,5 Millionen grauen Eichhörnchen in Großbritannien kommen heute gerade einmal schätzungsweise 12.000 rote. Nur im Lake District und einer Handvoll anderer Regionen in Großbritannien gibt es noch größere Bestände, weshalb die Tiere hier streng geschützt sind. Wenn Sie eines der seltenen Eichhörnchen sehen, können Sie dies auf der Website des „Red Squirrels Northern England"-Verbandes registrieren, um bei der Artenerhaltung zu helfen.

💻 www.rsne.org.uk/sightings

Nun laufen Sie bergab auf die Straße B5343 zu, überqueren diese und folgen dem Weg nach rechts, der Sie nun wieder zurück nach Elterwater bringt, wo Sie sich im 🍷 Britannia Inn verwöhnen lassen können.

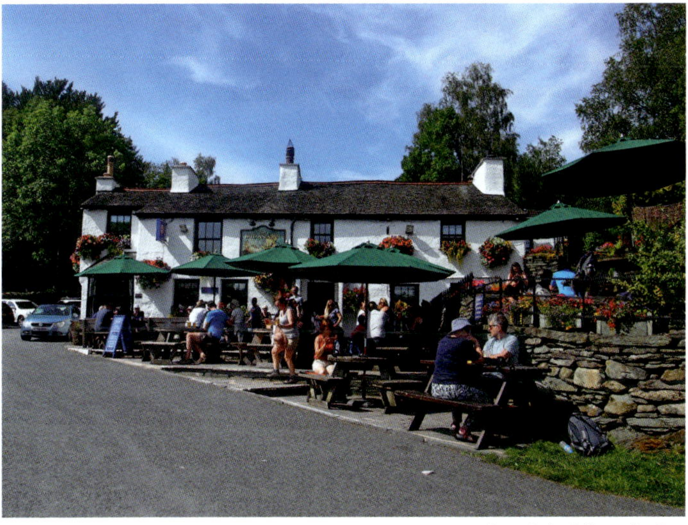

Der Pub Britannia Inn

🍴🍷 The Britannia Inn, Elterwater, LA22 9HP, 💻 www.thebritanniainn.com, ☎ 01 53 94/372 10, tägl. 10:30-23:00, warme Küche 12:00-14:00 und 18:00-21:00, 🐕 Hunde willkommen

⑥ Von Hawkshead auf den Hügel Latterbarrow

WC ⌘ ✞

Tour für Naturliebhaber

Vom Hügel Latterbarrow hat man einen wunderbaren Rundumblick auf die Täler und Berge westlich des Sees Windermere. Diese Route führt durch Lärchenwälder und farnbewachsene Plantagen hoch auf den Hügel, um dann steil wieder ins Tal zu führen. Von dort gelangen Sie über kleine Straßen und Wege zurück in das malerische Dorf Hawkshead, für dessen Besichtigung Sie sich ein paar Stunden Zeit lassen sollten.

- Start/Ziel: Parkplatz im Zentrum von Hawkshead, GPS N 54°22.440' W 002°59.842'
- 7,2 km
- ca. 2 Std.
- ↑↓ 551 m/551 m
- ⇧ 71-245 m
- etliche Einkehrmöglichkeiten am Start/Ziel (km 0 bzw. 7,2)
- keine Rastplätze am Weg
- WC am Start/Ziel
- Der Weg ist für Kinder gut machbar.
- Die Route verläuft teilweise über steile Felsstufen und ist daher leider für Buggys nicht geeignet.
- Sobald Sie Hawkshead hinter sich gelassen haben, können Hunde frei laufen.
- P großer Parkplatz im Ortskern (£ 3 für 2 Std.)
- Die Linie 505 von Kendal/Windermere/Ambleside nach Hawkshead verkehrt circa stündlich.
- Windermere-Fähre von Ferry Nab 500 m südlich von Bowness bis Far Sawrey (Fußpassagier £ 0,50, Auto £ 4,40) alle 30 Min.; im Sommer verkehrt ein Minibus vom Landesteg bis Hawkshead. www.visitcumbria.com/amb/bowness-ferry

Verlassen Sie den P Parkplatz mit WC in östlicher Richtung auf den Campingplatz zu. Hier treffen Sie auf die North Lonsdale Road, wo Sie sich rechts halten. An der Kreuzung biegen Sie links ab und überqueren eine Brücke. Gleich hinter der Brücke geht nun ein nach „Wray" ausgeschildertes Sträßchen ab, dem Sie in den Ort Colthouse hinein folgen. Der Name der Siedlung (Colt = Fohlen) geht darauf zurück, dass sich hier früher die Pferdeställe der Mönche der Furness Abbey befanden.

↳ (250 m) Rechts geht bald eine kleine Straße ab, die zum „Quaker Meeting House" führt. Das Quäker-Haus in Colthouse wurde 1688 gebaut und ist eines der ältesten noch erhaltenen Quäker-Häuser in England. Die Quäker wurden 1653 von George Fox gegründet und ihre Hochburg war von Anfang an der Lake District. Sie sind berühmt für ihren Einsatz für soziale Zwecke und die Ablehnung jeglicher Gewalt. Statt einen Gottesdienst abzuhalten, treffen sich die Anhänger wöchentlich zu einer stillen Andacht, in der nur geredet wird, wenn sich jemand vom „inneren Licht" dazu berufen fühlt. Das Haus ist nur zur sonntäglichen Andacht um jeweils 10:30 geöffnet.

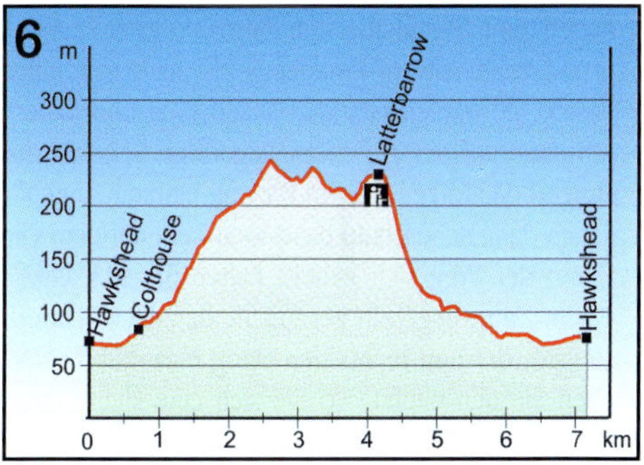

Der Weg führt nun weiter über die kleine Straße den Berg hinauf. Wenn Sie das Gillbank-Anwesen auf der rechten Seite erreicht haben, gehen Sie

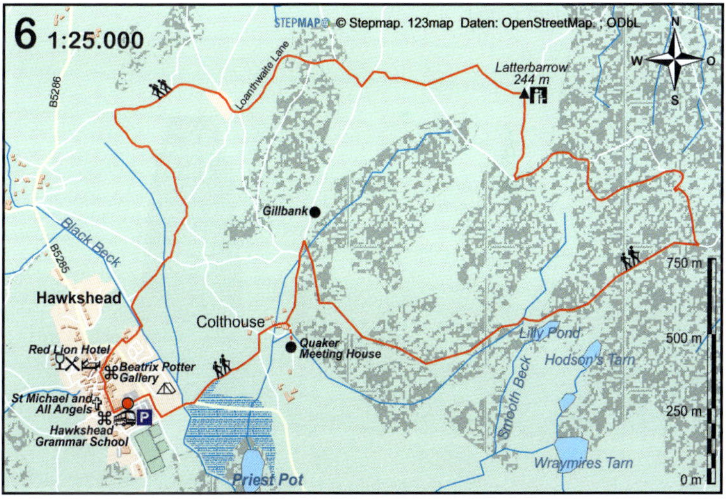

gegenüber der Einfahrt rechts durch ein großes Holzgatter und folgen dem Schotterweg den Berg hoch. Nach wenigen Metern gabelt sich der Weg und Sie gehen rechts weiter. Bald öffnen sich schöne Blicke zurück nach Hawkshead.

Sie folgen diesem Weg jetzt immer in nordöstlicher Richtung durch mehrere Gatter hindurch. Einmal gabelt sich der Pfad, nur um wenige Meter weiter wieder zusammenzuführen. Teilweise ist der Wald hier sehr durch die Stürme der letzten Jahre geschädigt, was allerdings immer wieder für schöne Weitblicke sorgt.

Schließlich erreichen Sie ca. 1,9 km, nachdem Sie das Haus Gillbank passiert haben, eine Steinmauer mit einem Wegweiser. Ein blauer Pfeil auf gelbem Hintergrund zeigt sowohl geradeaus als auch links über einen kleineren Weg ins Tal herab. Sie wählen hier den linken Weg und laufen hinunter in das gerodete Tal, um dann auf der gegenüberliegenden Seite wieder zu einem Waldgebiet aufzusteigen. Sie folgen diesem Weg an einem neu gepflanzten Tannenwald vorbei und sehen dann schon bald das Monument auf dem Gipfel von Latterbarrow vor sich. Wenn der Weg sich gabelt, halten Sie sich links und gelangen kurz darauf zu einem Zaunstieg, von wo aus Sie den nach „Latterbarrow" markierten Weg hochsteigen, der nun rechts den Hang hinaufführt. Nach einem kurzen Anstieg erreichen Sie den Gipfel, wo Sie sich eine kleine Pause verdient haben, um den Blick über Hawkshead und die umliegenden Gipfel zu genießen.

Monument auf dem Gipfel

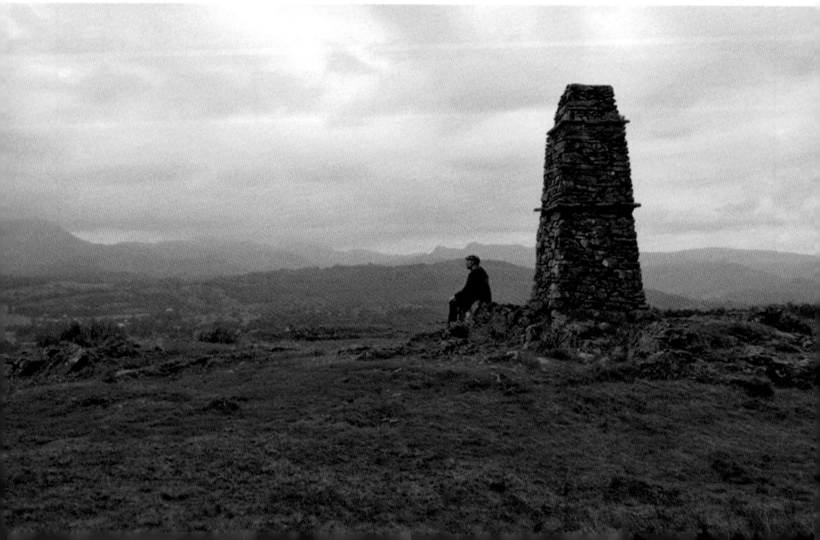

☺ Es lohnt sich hier, dem Pfad ca. 50 m Richtung Osten zu folgen, von wo aus sich weite Blicke über den See Windermere eröffnen.

🌐 GCJ688 Latterbug, Schwierigkeit 1, Gelände 3, Tradi, Regular

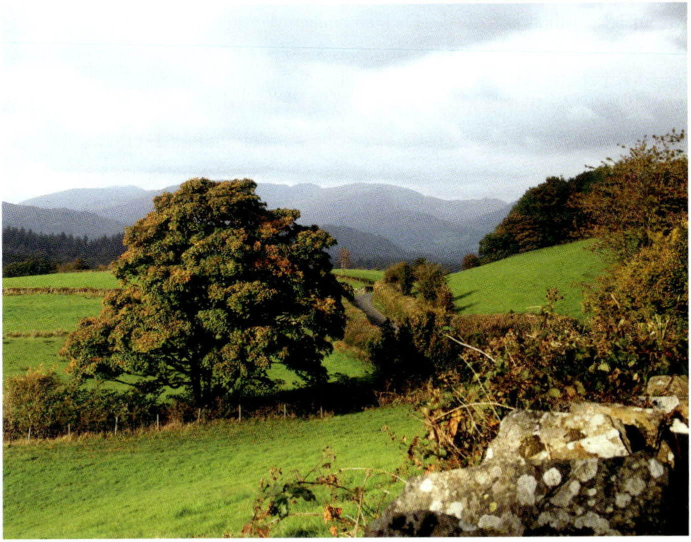

Weg zurück nach Hawkshead

Anschließend folgen Sie dem Grasweg, der in Richtung Hawkshead im Südwesten den Berg hinabführt. Über steile Felsstufen gelangen Sie nun wieder zurück ins Tal, wo Sie auf eine kleine Straße treffen. Gehen Sie hier links und biegen Sie nach ca. 200 m rechts in die Loanthwaite Lane ab. Das Sträßchen führt an einigen Höfen vorbei und dann einen Berg hinab. Unten angekommen geht links ein Weg ab, der nach Hawkshead und „Scar House Lane" ausgeschildert ist. Diesem schönen Weg folgen Sie für ca. 460 m, bis rechts ein Weg durch ein Holzgatter abzweigt, der wiederum nach Hawkshead ausgeschildert ist. Bald kommen Sie zu einem weiteren Holzgatter, das Sie in Richtung Hawkshead durchqueren. An der nächsten Gabelung gehen Sie nach links und stoßen bald auf die Straße B5285. Überqueren Sie die Straße und gehen Sie das Sträßchen links hinauf, um in den Dorfkern von Hawkshead zu gelangen.

Das Dorf Hawkshead gehörte früher den Mönchen von Furness Abbey, einem Zisterzienserkloster südlich des Lake Districts. Im Mittelalter entwickelte sich Hawkshead zu einem wichtigen Marktort besonders für Wollprodukte. Heute gehört das meiste Land in und um Hawkshead herum dem National Trust. Die engen, verwinkelten Gassen und hübschen Plätze sehen noch heute ähnlich aus wie im 18. Jahrhundert, als der Dichter William Wordsworth hier zur Schule ging. Während das Ann-Tysons-Haus, wo er als Schüler zur Untermiete wohnte, heute als B&B benutzt wird, ist seine ehemalige Schule jetzt ein Museum. Auch die Autorin Beatrix Potter hatte Verbindungen nach Hawkshead: Ihr Mann, der Rechtsanwalt Walter Heelis, hatte hier seine Kanzlei, und ihr Haus Hill Top liegt nur wenige Kilometer weiter südlich. In der ehemaligen Kanzlei ihres Mannes ist heute eine Galerie untergebracht, in der viele ihrer Bilder zu sehen sind.

⌘ Hawkshead Grammar School, Main Street, Hawkshead, LA22 0NT, 💻 www.hawksheadgrammar.org.uk, 🚪 1. April-31. Sept. Mo-Sa 10:30-13:00 und 13:00-17:00, Eintritt £ 2,50

♦ Beatrix Potter Gallery, Main Street, Hawkshead, LA22 0NS, ☎ 01 53 94/363 55, 💻 www.nationaltrust.org.uk/beatrix-potter-gallery-and-hawkshead, 🚪 Mo-Fr 10:00-17:00, Sa/So 10:00-16:00, Erw. £ 6, Kind £ 3, Familie £ 15

Um zurück zum 🅿 Parkplatz und zur 🚌 Bushaltestelle zu gelangen, gehen Sie links weiter. Vor Ihrer Abreise lohnt sich aber ein Spaziergang durch die verwinkelten Gassen, ein Besuch der schönen ✞ Kirche St Michael and All Angels auf einem Hügel über dem Dorf und vielleicht ein Pint oder zwei in einem der schönen Pubs, z. B. dem Red Lion Hotel.

✞ St Michael and All Angels, Vicarage Lane, Hawkshead, LA22 0PD, 💻 www.hawksheadbenefice.co.uk, 🚪 tägl. 9:00-19:00

🍸🍴🛏 Red Lion Hotel, Hawkshead, LA22 0NS, ☎ 01 53 94/362 13, 💻 www.redlionhawkshead.co.uk, 🚪 tägl. 12:00-23:00, warme Küche Mo-Sa 12:00-20:00, So 12:00-19:00, 🐕 Hunde willkommen, es gibt sogar extra ein Hundemenü

7 Auf den Spuren von Peter Hase

Tour (nicht nur) für Beatrix-Potter-Fans

Kinder aus der ganzen Welt lieben die Geschichten von Peter Hase und seinen Freunden. Dieser leichte Rundweg führt zu mehreren Lieblingsorten der Autorin Beatrix Potter: dem See Moss Eccles Tarn, der in den Wäldern über den hübschen Dörfern Near und Far Sawrey liegt, sowie ihrem Haus Hill Top und den umliegenden Schafwiesen.

Start/Ziel: Cuckoo Brow Inn, Far Sawrey, GPS N 54°21.047' W 002°57.426'

5 km

ca. 1 Std. 20 Min.

245 m/245 m

79-178 m

Cuckoo Brow Inn (km 0 bzw. 5), Tower Bank Arms (km 3,5) sowie weitere Cafés und Restaurants in Near Sawrey (km 3,5)

am Spielplatz in Near Sawrey (km 3,3)

Am Weg liegt ein schöner Spielplatz (km 3,3), im Garten von Hill Top gibt es einen Erlebnispfad für Kinder.

Der Weg verläuft mehrmals kurzzeitig über unebenes, felsiges Gelände, ist aber mit einem Geländebuggy machbar.

Im Cuckoo Brow Inn sind selbst die dreckigsten Hunde gerne gesehen.

P Parkmöglichkeit am Village Institute gegenüber dem Cuckoo Brow Inn (£ 2 für einen halben Tag)

Linie 505 von Kendal/Windermere/Ambleside nach Hawkshead, dann Linie 525 Hawkshead–Far Sawrey, beide Linien verkehren ca. alle 60 Min.

Windermere-Fähre von Ferry Nab 500 m südlich von Bowness bis Far Sawrey (Fußpassagier £ 0,50, Auto £ 4,40), alle 30 Min. www.visitcumbria.com/amb/bowness-ferry

150 Jahre nach ihrer Geburt verkaufen sich immer noch jede einzelne Minute vier Bücher der Autorin und Illustratorin Beatrix Potter (1866-1943), und die Geschichten um Peter Hase & Co. gehören heute zu den erfolgreichsten Kinderbüchern aller Zeiten. Als ihre Bücher erste Erfolge erzielten, kaufte Beatrix Potter das Haus Hill Top in ihrem geliebten Lake District, um sich ganz dem Schreiben und Malen zu widmen. Mit dem Einkommen aus ihren Büchern kaufte sie immer

mehr Land für die dritte Liebe in ihrem Leben, die Schafzucht. Als Potter starb, überließ sie das Land dem National Trust mit der Bedingung, dass die Höfe weiterhin für die Zucht der einheimischen Herdwick-Schafe genutzt würden.

Der Weg beginnt am Pub Cuckoo Brow Inn in dem hübschen Dorf Far Sawrey, wo sich ein weiß getünchtes Haus an das andere reiht.

Cuckoo Brow Inn, Far Sawrey, LA22 OLQ, ☏ 01 53 94/434 25, www.cuckoobrow.co.uk, tägl. 12:00-23:00, warme Küche 12:00-16:00 und 17:00-21:00, Abendessen muss vorgebucht werden. Kindermenü und viele Brettspiele

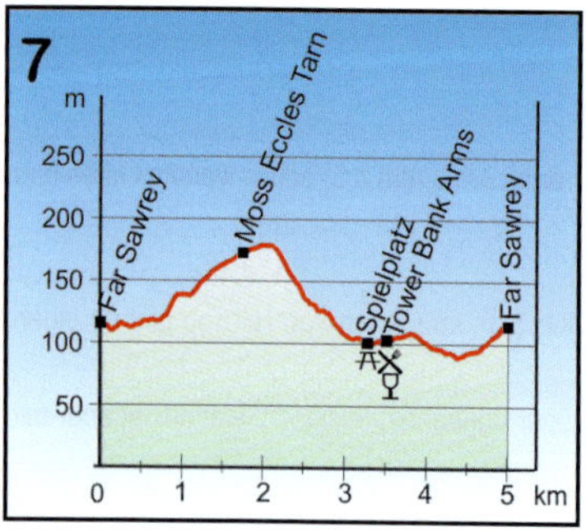

Mit dem Rücken zum Cuckoo Brow Inn laufen Sie rechts die Straße herunter und biegen dann an der Kurve rechts in das Sträßchen Cuckoo Brow Lane ab.

Nach ca. 500 m zweigt links ein Weg ab, dem Sie den Berg hinauf folgen. Kurz bevor Sie die Anhöhe erreichen, biegen Sie links auf den Pfad ab, der an Felsen vorbei zum See Moss Eccles Tarn führt.

Nachdem Beatrix Potter mit 47 Jahren zum ersten Mal geheiratet hatte, zog sie mit ihrem Mann William Heelis von Hill Top in das größere Haus Castle Cottage gleich gegenüber. Abends gingen die beiden oft zum Moss Eccles Tarn, um auf ihm zu rudern und zu fischen. Potter liebte den kleinen See so sehr, dass sie ihn 1926 kaufte und mit den Seerosen bepflanzte, die noch heute im Sommer hier blühen. Der See und seine Tierwelt waren die Inspiration für ihre Geschichten um Jeremy Fisher.

GCVV5F Beatrix Potter, Schwierigkeit 2, Gelände 1,5, Tradi, Small

Sie gehen kurz am Ufer entlang und dann durch ein Gatter auf eine Wiese. Laufen Sie geradeaus zwischen den Pfeilern entlang, bis Sie auf einen breiten Weg stoßen, der links ins Tal führt. Diesem Weg folgen Sie nun für ca. 1,3 km, bis Sie an eine kleine Straße gelangen, an der sich links ein Spielplatz mit ⛩ Rastplatz findet. Biegen Sie nun links in die Straße durch das Dorf Near Sawrey ab.

✕ Tower Bank Arms, Near Sawrey, LA22 OLF, ☏ 01 53 94/363 34, 💻 www.towerbankarms.co.uk, 🚪 tägl. 12:00-23:00, warme Küche 12:00-14:00 und 18:00-20:00, 👪 Kindermenü, 🐕 Hunde willkommen

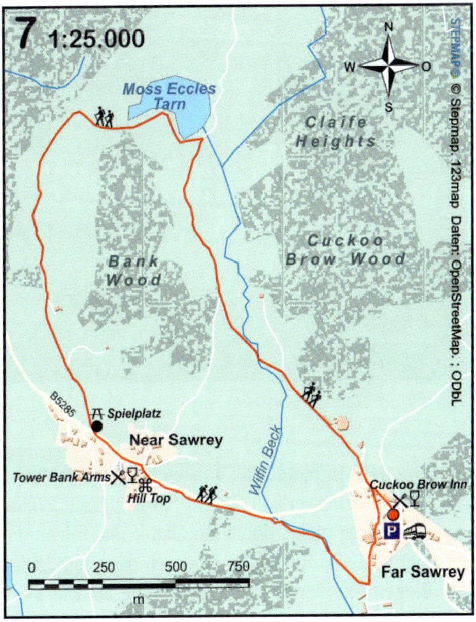

☺ Kurz hinter dem Tower Bank Arms steht eine Bank, wo man sich für eine kleine Spende mit einer lebensgroßen Abbildung von Mr McGregor fotografieren lassen kann.

Mr McGregor ist eine Gestalt aus der Erzählung Peter Hase: Ihm gehört der Gemüsegarten, in dessen Nähe Peter und seine Familie wohnen. Am Anfang der Geschiche warnt Peters Mutter ihn eindringlich, sich bloß von dem Garten fernzuhalten: „Euer Vater hatte dort einen schlimmen Unfall. Er wurde von Mr McGregor zu einer Pastete verarbeitet." Natürlich hört Peter nicht auf sie und gerät bald in große Schwierigkeiten.

☺ Auf der rechten Seite liegt Beatrix Potters früheres Haus ⌘ Hill Top, wo sich auf jeden Fall ein kostenloser Besuch des Gartens lohnt.

⌘ Hill Top, Near Sawrey, LA22 OLF, ☏ 01 53 94/362 69, 💻 www.nationaltrust.org.uk/hill-top, 🚪 Haus: Feb-Nov. tägl. außer Fr 10:00–17:00, Erw. £ 10, Kind £ 5, 🚪 Garten und Geschenkladen: Feb.-Nov. tägl. 10:00-17:00, Eintritt frei

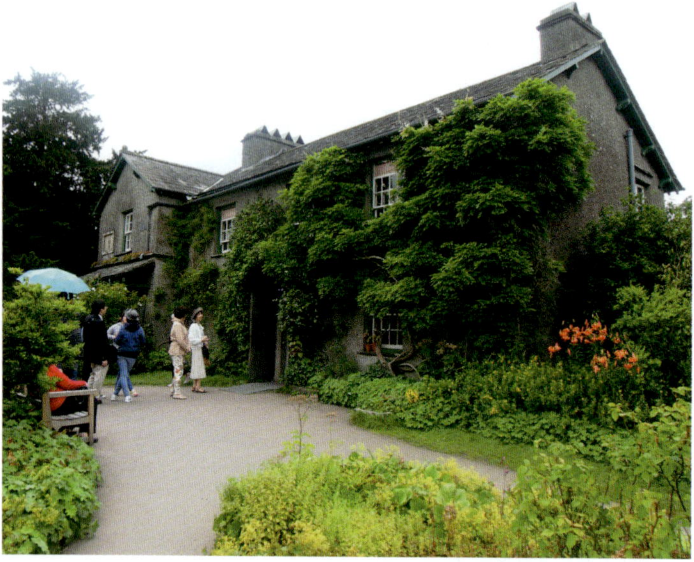

Haus und Garten von Hill Top

Etwa 100 m hinter Hill Top biegen Sie rechts auf den Gehweg, der parallel zur Straße weiterverläuft. Wenn Sie den Bach Wilfin Beck erreichen, gehen Sie vor der Brücke rechts durch ein Gatter und folgen dem Bachverlauf. Sie kommen zu einer weiteren Brücke, überqueren diese und laufen auf die Kirche ✞ St Peter's zu. Biegen Sie hier links auf die Straße ab, die Sie wieder zu Ihrem Ausgangspunkt zurückführt.

☺ Wer nach dieser Tour noch nicht genug von Peter Hase hat, wird am Museum „The World of Beatrix Potter" auf der anderen Seite des Windermere Freude finden. Die Nachbildungen der wichtigsten Figuren aus den Erzählungen machen besonders Kindern Spaß.

♦ The World of Beatrix Potter, Crag Brow, Bowness-on-Windermere, L23 3BX, www.peterrabbit.com, tägl. 10:00-16:30, Erw. £ 7,20, Kind £ 3,70, Familienticket £ 20

8 Von Coniston nach Tarn Hows

Tour für Familien

Der See Tarn Hows ist dank seiner malerischen Lage eines der beliebtesten Ausflugsziele im Lake District. Dieser Rundweg verläuft erst durch die stillen Wälder nördlich von Coniston, führt dann um Tarn Hows herum und am Wasserfall Tom Gill vorbei wieder zurück in das hübsche Dorf Coniston. Wer mit Buggy unterwegs oder schlecht zu Fuß ist, kann den Weg verkürzen und sich auf den barrierefreien Rundweg um Tarn Hows beschränken.

Start/Ziel: Coniston, Touristeninformation, GPS N 54°22.152' W 003°4.334'
11,3 km (2,7 km)
ca. 3 Std. (40 Min.)
695 m/695 m
36-228 m
etliche Einkehrmöglichkeiten in Coniston (km 0 bzw. km 11,3), z. B. The Black Bull Inn
viele Tische und Bänke am See Tarn Hows (km 4,3)
WC am Start/Ziel neben der Touristeninformation
Der See und die Wasserfälle sind für Kinder sehr spannend.
Der gesamte Rundweg ist nicht für Buggys geeignet, aber der asphaltierte Weg um Tarn Hows herum ist ideal für Kinderwagen.
Der Weg führt wiederholt über Schafwiesen.
P gebührenpflichtiger Parkplatz am Start/Ziel oder alternativ am See Tarn Hows (GPS N 54°23.249' W 003°2.295')
Linie 505 Kendal/Windermere/Ambleside/Hawkshead–Coniston ca. alle 60 Min., Linie X30 von Hawkshead nach Tarn Hows ca. alle 60 Min. (während der Schulferien Ende Juli-Anfang Sept. täglich, sonst nur Sa und So). Die Haltestelle befindet sich gegenüber der Touristenformation.

Der Weg beginnt an der Touristeninformation in der Ruskin Avenue. Von hier aus biegen Sie rechts in die Tilberthwaite Avenue, die vom Dorfkern wegführt. Kurz vor einer Brücke wenden Sie nach links in die Shepherds Bridge Lane und laufen am „Sports and Leisure Centre" vorbei. Direkt dahinter gehen Sie rechts ab über eine Brücke und dann links hoch an einem kleinen Gebäude vorbei, einem früheren Hundezwinger aus dem 19. Jahrhundert. Wenn der Weg sich bald darauf gabelt, wählen Sie den Pfad, der rechts zu einem Waldgebiet hinaufführt. Ein Gatter bringt Sie in den High-Guards-Wald. Folgen Sie dem Pfad ca. 550 m durch den Wald und dann herunter zur Boon Crag Farm, wo Sie rechts bis zur Straße B5285 gehen und dieser nach links folgen. Bald zweigt ein Pfad links ab, der parallel zur Straße verläuft. Folgen Sie diesem immer geradeaus. Der Weg kreuzt bald ein kleines Sträßchen und steigt dann immer weiter an. Wenn er sich gabelt, gehen Sie nach links, dann ca. 200 m weiter rechts den nach „Tarn Hows, Old Car Park" ausgeschilderten Weg entlang. An einer weiteren Gabelung wählen Sie den linken Weg und erreichen den P Behindertenparkplatz von Tarn Hows. Von hier aus wandern Sie nun entgegen dem Uhrzeigersinn um den See herum.

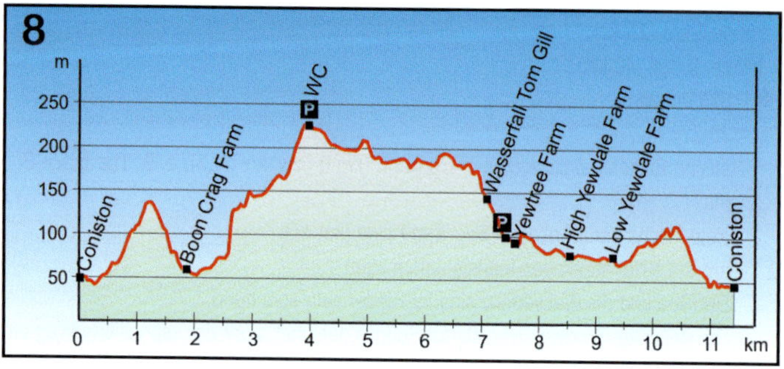

Um zum P Hauptparkplatz mit WC zu kommen, gehen Sie ca. 200 m das Sträßchen links herunter.

GC6796D Tarn Hows Trail, Nature's Umbrella, Schwierigkeit 2,5, Gelände 2, Tradi, Small

Das malerische Aussehen des Sees Tarn Hows ist kein Zufall. Früher bestand das Gewässer aus drei kleineren Seen – High, Middle und Low Tarn –, aber dann kaufte 1862 der Industrielle James Marshall die Seen, erhöhte durch einen Damm den Wasserstand, pflanzte die Kiefern am Ufer und gestaltete die Landschaft so, wie Sie sie noch heute vor sich sehen. Der See gefiel der Autorin Beatrix Potter so gut, dass sie ihn später James Marshall abkaufte und nach ihrem Tod dem National Trust überließ.

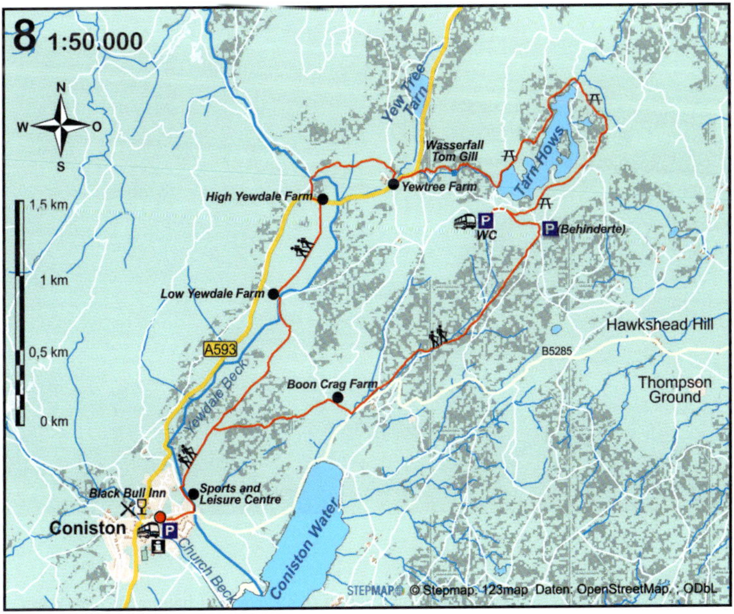

Nachdem Sie den See umrundet haben, gelangen Sie an seinem südwestlichen Zipfel zu einer Brücke, vor der Sie rechts abbiegen, um dem Bachverlauf zum Wasserfall Tom Gill zu folgen. Am **P** Parkplatz Tom Gill überqueren Sie die Straße A593 und folgen ihr nach links, bis Sie zur Yewtree Farm gelangen.

Die Yewtree Farm gehörte früher der Autorin Beatrix Potter und der Film „Miss Potter“ mit Renée Zellweger wurde hier gedreht. Heute werden auf dem Hof auf den Wunsch Potters hin weiterhin vor allem Herdwicks gezüchtet. Die zotteligen grauen Schafe mit den schwarzen Lämmern haben den Lake District geprägt wie kein anderes Tier. Sie wurden im 10. Jahrhundert von den Wikingern in Nordengland eingeführt und sind bekannt für ihre große Widerstandsfähigkeit und Ortsverbundenheit: Herdwicks entfernen sich Zeit ihres Lebens nicht von dem Ort, an dem sie geboren wurden, und können, wenn sie durch einen Verkauf doch dazu gezwungen werden, schon mal 70 km zurücklegen, um wieder zurück zu ihrem Heimatort zu kommen.

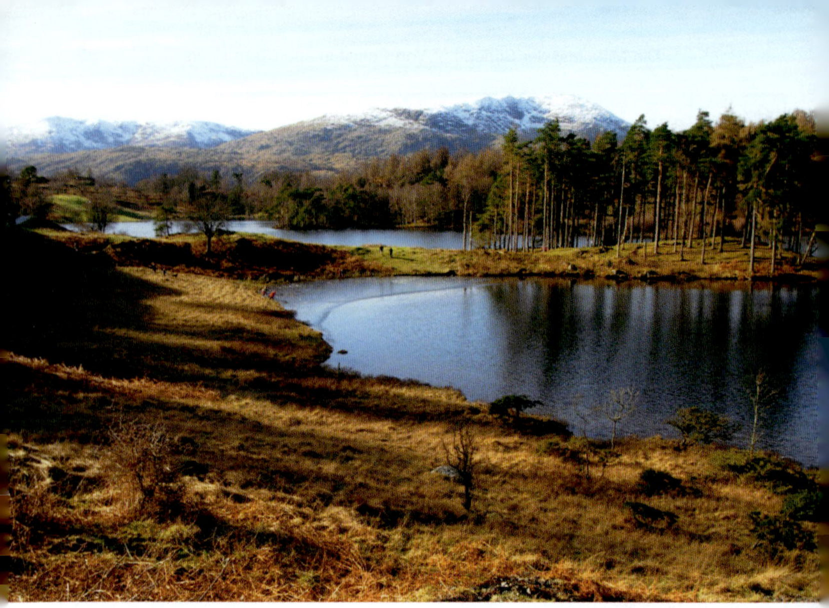

Der See Tarn Hows

Laufen Sie durch das Gatter rechts neben der Farm und halten Sie sich dann links, um den Hof zu umgehen. Wenn Sie nach ca. 700 m eine Brücke über den Yewdale Beck erreichen, biegen Sie links auf ein Sträßchen ab, das Sie zurück auf die A593 führt. Hier gehen Sie kurz nach links und folgen dann dem Weg, der gegenüber der High Yewdale Farm rechts abzweigt. Hinter einer Eibenallee laufen Sie rechts durch ein Gatter und halten dann schräg rechts auf eine Öffnung in der Hecke gegenüber zu. Von hier aus laufen Sie auf das Gatter schräg rechts zu und gelangen bald zum Gehöft Low Yewdale. Verlassen Sie den Hof links über eine Brücke und gehen Sie nach rechts, bis nach ca. 350 m ein Grasweg, der mit „Cumbria Way“ beschildert ist, rechts abzweigt. Der Cumbria Way ist ein 112 km langer Wanderweg, der den Lake District von Carlisle im Norden bis Ulverston im Süden durchquert.

Folgen Sie dem Weg über die Wiese zum Wald hoch und laufen Sie parallel zu diesem in südwestlicher Richtung weiter, bis Sie ein Gatter erreichen, das in den Wald führt. Folgen Sie dem Weg durch den Wald zurück in das Tal, wo Sie Ihre Wanderung begonnen haben. Um zurück zum **P** Parkplatz zu kommen, laufen Sie wieder an dem ehemaligen Hundezwinger vorbei und überqueren die

Brücke, biegen links in die Shepherd's Bridge Lane und gehen dann rechts weiter. Im Dorfzentrum gibt es etliche Einkehrmöglichkeiten, wie z. B. das über 400 Jahre alte Black Bull Inn.

Black Bull Inn, Coniston, LA21 8DU, ☏ 01 53 94/413 35 oder 01 53 94/416 68, www.blackbullconiston.co.uk, tägl. 12:00-23:00, warme Küche 12:00-21:00, Hunde willkommen

Der Ort Coniston

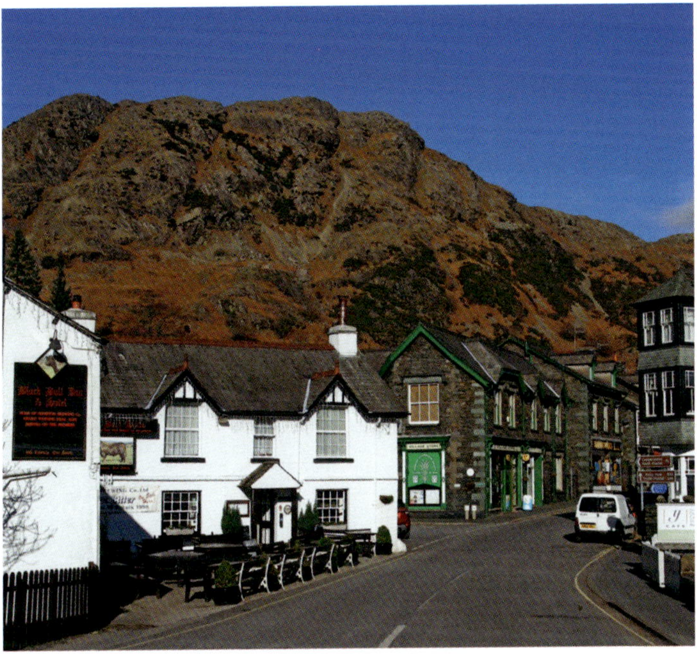

Der Norden

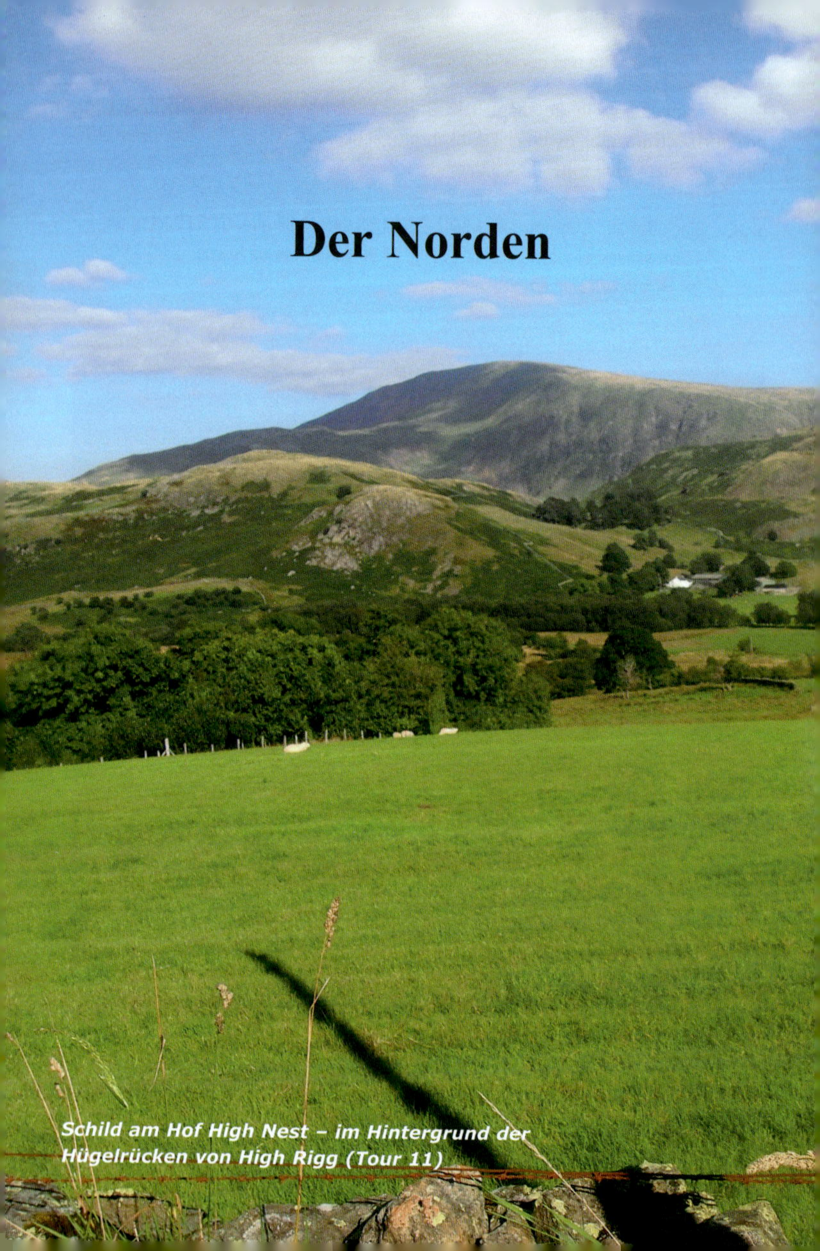

Schild am Hof High Nest – im Hintergrund der Hügelrücken von High Rigg (Tour 11)

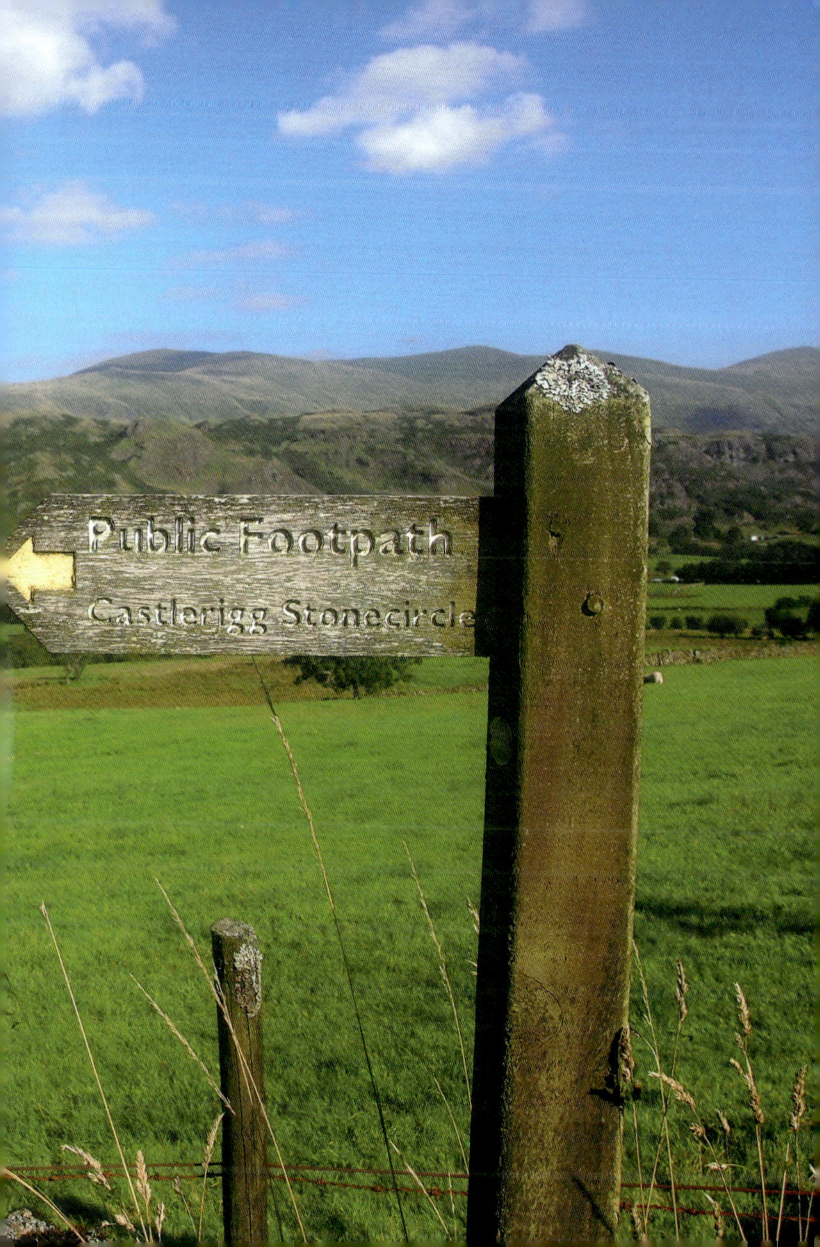
Public Footpath
Castlerigg Stonecircle

9 Catbells

Tour für Gipfelstürmer und Familien

Der Gipfel des Catbells mag nur 451 m hoch sein, und doch bieten sich auf der gesamten Wanderung unvergessliche Blicke über die umliegenden Gipfel und Seen. Den Start der Wanderung können Sie gut mit der Fähre von Keswick aus erreichen – eine Kombination, die besonders auch Kindern viel Spaß macht. Da man bei dieser Wanderung für relativ geringen Aufwand mit so herrlichen Aussichten belohnt wird, gehört sie zu einer der beliebtesten im ganzen Lake District, und es lohnt sich, den Catbells frühmorgens oder zum Abend hin in Angriff zu nehmen, wenn weniger Wanderer unterwegs sind.

Start/Ziel: Landesteg Hawes End, GPS N 54°34.878' W 003°9.641'

6,8 km

ca. 2 Std. 30 Min.

501 m/501m

48-451 m

Es gibt keine Einkehrmöglichkeit direkt am Weg, dafür aber eine große Auswahl in Keswick.

Rastplatz am Seeufer (km 5)

Der Weg ist besonders für ältere Kinder sehr gut machbar.

Der Weg ist leider zu steil und felsig für Buggys.

Der Weg führt teilweise über Geröll, ist aber sonst gut für Hunde geeignet.

P Am Fuß des Berges gibt es mehrere Parkmöglichkeiten an der Straße, die aber schnell voll werden. Einfacher ist es, das Auto am Lakeside Parkplatz in Keswick zu lassen (GPS N 54°35.760' W 003°8.289') und von dort mit der Fähre anzureisen.

Die Linien 77 und 77a fahren (nur Ostern bis Nov.) von Keswick Bus Station etwa alle 2 Std. bis Catbells.

Von Keswick Launch nimmt man die Fähre, die gegen den Uhrzeigersinn fährt („anti clockwise"), und steigt nach ca. 10 Min. am zweiten Stopp, Hawes End, aus. Ein Tagesticket kostet £ 8,25 (Kind £ 4,15, Familienticket £ 23,50), Hunde kostenlos. Die Fahrzeiten erfährt man unter www.keswick-launch.co.uk.

Vom Landesteg Hawes End laufen Sie den Weg hinauf, der vom Ufer weg zu einer kleinen Straße führt. Gehen Sie hier kurz links und dann wieder links den Weg durch die Bäume hoch, der nach „Catbells" ausgeschildert ist. Sie stoßen auf eine weitere Straße, der Sie nun bergauf über einen Viehrost folgen. Wenige

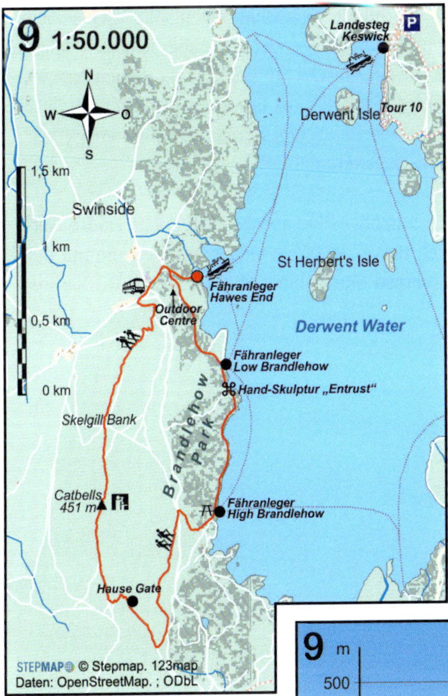

Meter hinter diesem gelangen Sie zu einer Straßenkreuzung, wo sich schräg links gegenüber nun ein gut sichtbarer Pfad im Zickzack den Berg hinaufwindet, der mit „Catbells 1 Mile“ ausgeschildert ist. Nach einem steilen Anstieg erreichen Sie bald die erste Anhöhe, Skelgill Bank, und laufen auf ebenem Pfad den Bergrücken entlang auf den kegelförmigen Gipfel von Catbells zu. Der Weg wird nun sehr steil und erfordert einiges Klettern über mehrere Felsausbuchtungen, für das Sie aber bald mit einem grandiosen Rundumblick belohnt werden.

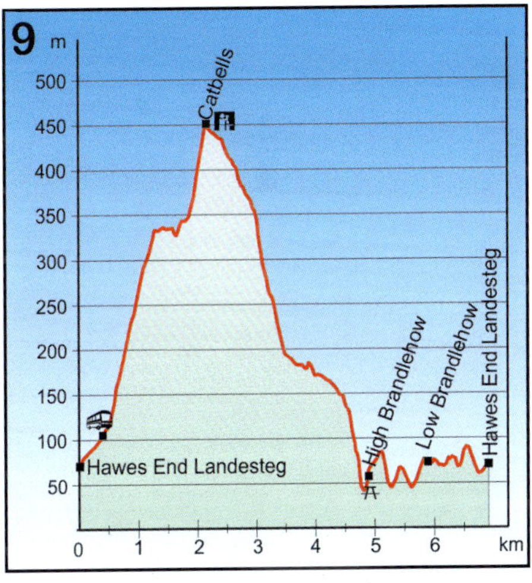

GC2KA7E Chris Stag Weekend Memorial Cache, Schwierigkeit 2,5, Gelände 2,5, Tradi, Small

Nördlich können Sie bei gutem Wetter den See Bassenthwaite Lake sehen, östlich das Derwent Water mit seinen vier Inseln. Die größte davon, St Herbert's Isle, ist nach einem angelsächsischen

Einsiedler benannt, der dort im 7. Jahrhundert gewohnt haben soll. Nach seinem Tod war St Herbert's Isle lange ein beliebtes Pilgerziel und außerdem die Inspiration für Beatrix Potters Euleninsel in der Geschichte vom Eichhörnchen Nusper. Die einzige noch heute bewohnte Insel ist Derwent Island etwas weiter nördlich, wo im 16. Jahrhundert eine Kolonie von deutschen Bergmännern zu Hause war, die in den umliegenden Grafitminen arbeiteten.

Vom Gipfel führt ein gut zu erkennender Pfad auf die Hochebene Hause Gate zu. Ca. 700 m hinter dem Gipfel, bevor der Weg wieder ansteigt, um auf den Berg Maiden Moor zu führen, kommen Sie zu einer Wegkreuzung, wo Sie nun

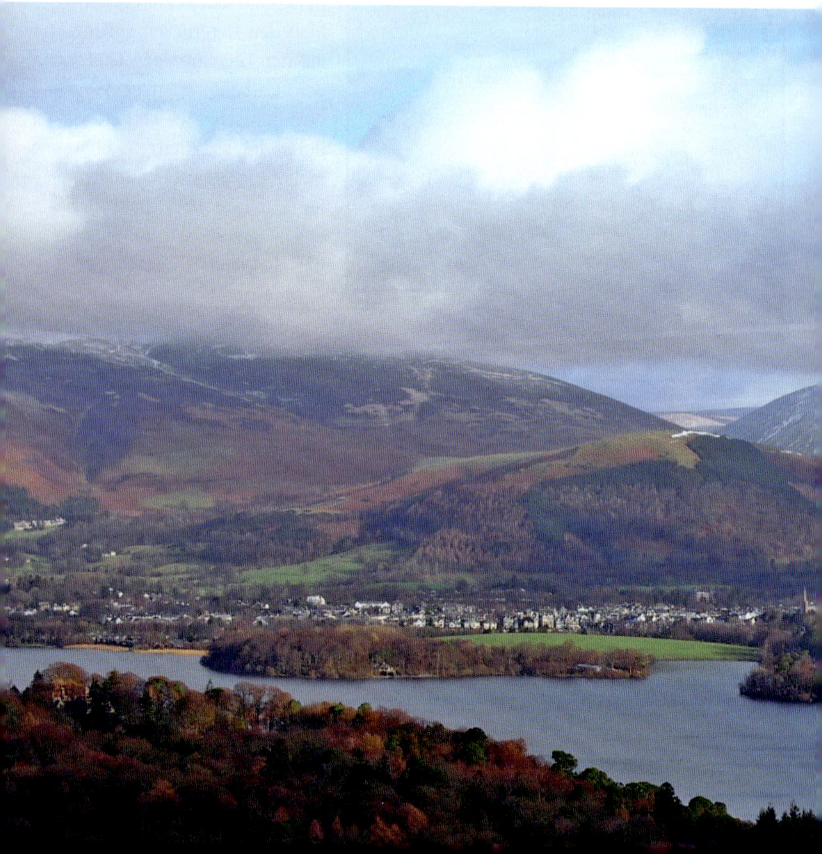

links den Berg hinabgehen. Kurz bevor Sie ein kleines Waldstück erreichen, biegen Sie links ab und folgen diesem Weg, bis Sie auf eine kleine Straße stoßen. Überqueren Sie diese, gehen Sie ein paar Schritte nach links und biegen Sie dann rechts auf einen Pfad ab, der an einem Waldrand entlang zum Seeufer führt. Folgen Sie dem Uferweg nach Norden. Am High-Brandlehow-Landesteg erreichen Sie einen schönen ⩤ Rastplatz mit Blick auf den See. Folgen Sie dem Weg am Ufer entlang durch den Wald Brandlehow Park Richtung Norden, vorbei an der ⌘ Hand-Skulptur „Entrust", die hier 2002 vom National Trust aufgestellt wurde.

Blick vom Gipfel Catbells

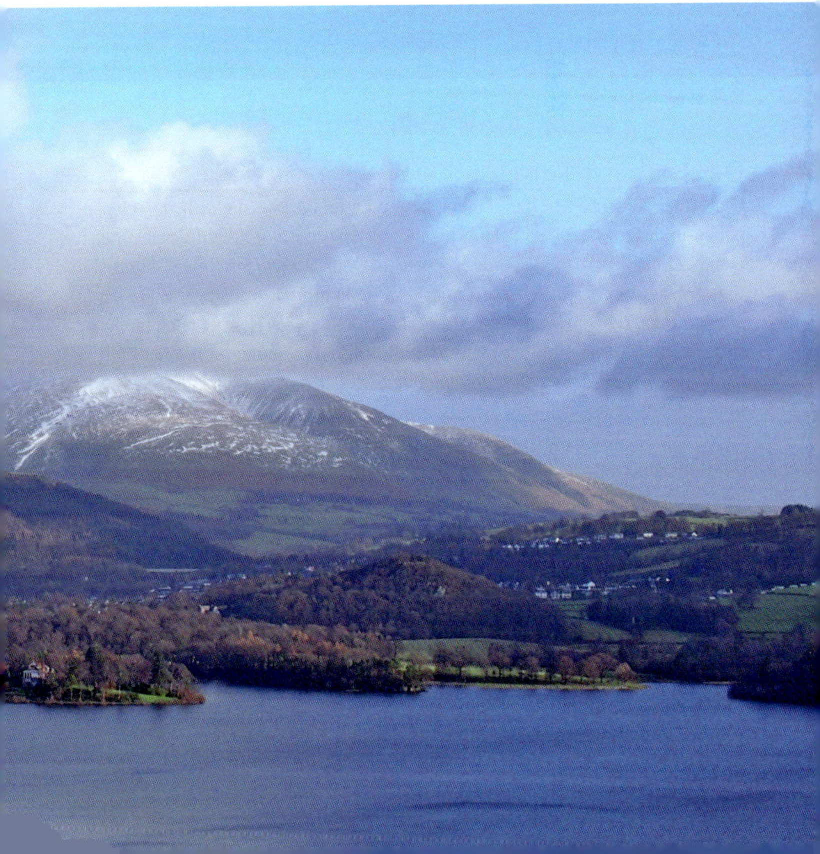

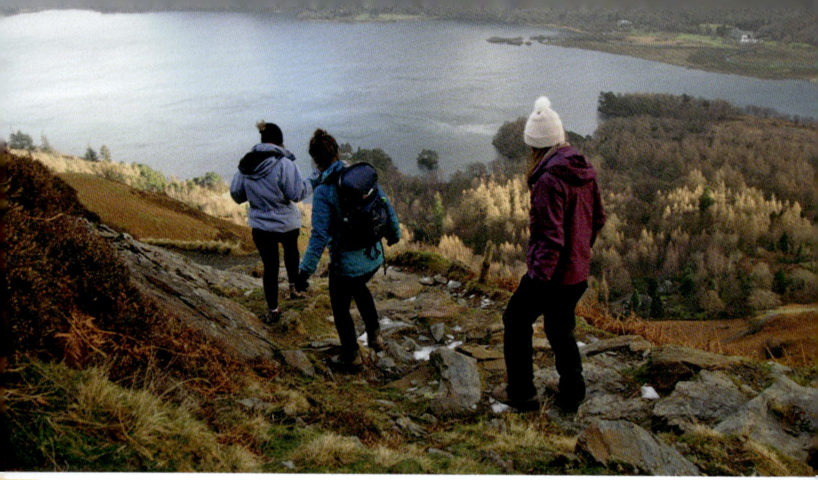

Der Weg hinunter

Der National Trust

Der National Trust ist eine gemeinnützige Organisation, die sich der Denkmalpflege und dem Naturschutz in England, Wales und Nordirland verpflichtet hat. Der National Trust (NT) wurde 1896 von Octavia Hill, Sir Robert Hunter und Canon Hardwick Rawnsley gegründet und ist heute mit über vier Millionen Mitgliedern eine der größten Mitgliedsorganisationen der Welt. Wo auch immer man sich in England befindet, ist man nie weiter als 40 Minuten von einem Ort entfernt, der in der Hand der Vereinigung ist, und ein ganzes Viertel des Lake Districts ist heute in ihrem Besitz. Der Brandlehow Park war das erste Stück Land, das der Trust 1902 ersteigerte, um das Ufergebiet des Derwent Water vor einer geplanten Verbauung zu retten. Die drei Gründungsmitglieder pflanzten hier im Park gemeinsam mit Prinzessin Louise, der Tochter von Königin Victoria, je eine Eiche an, um an diesen Erfolg zu erinnern. Genau 100 Jahre später enthüllten heutige Mitglieder in eben diesem Park die Statue der zwei Hände des Künstlers Gus Uphills.

Am nächsten Landesteg bei Low Brandlehow gehen Sie durch ein Gatter und wählen an einer Weggabelung den linken Asphaltweg. Anschließend biegen Sie rechts auf einen weiteren asphaltierten Weg ab und gehen dann nach dem Hawes End Outdoor Centre wieder rechts, um zurück zum Landesteg von Hawes End zu kommen.

⑩ Friar's Crag

Tour für Familien

Dieser einfache Weg ist genau das Richtige für einen entspannten Spaziergang entlang des Ufers von Derwent Water und kann gut mit einer Besichtigung des hübschen Städtchens Keswick oder einer Bootsfahrt kombiniert werden. Der Aussichtspunkt Friar's Crag ist als einer der schönsten Aussichtspunkte über den See Derwent Water bekannt.

- Start/Ziel: Keswick, Touristeninformation im Ortszentrum, GPS N 54°36.019' W 003°8.205'
- 4,7 km
- ca. 1 Std.
- 196 m/196 m
- 72-100 m
- zahlreiche Restaurants, Cafés und Pubs am Start/Ziel
- mehrere Bänke mit herrlicher Aussicht am Friar's Crag (km 1,2)
- Am Seeufer gibt es viel für Kinder zu entdecken.
- Der Weg ist ideal für Buggys.
- Der Weg beginnt und endet in einer geschäftigen Fußgängerzone.
- P Parkplatz im Ortskern (GPS 54°36.098' W 003°8.2131') und am Seeufer (N 54°35.775' W 003°8.2131')
- Fast alle Linien, die im nördlichen Lake District verkehren, fahren Keswick an.

Der Weg beginnt an der i Touristeninformation in der Main Road in Keswick. Laufen Sie einige Schritte den Berg hoch und biegen Sie dann rechts in die Lake Road ab. Wenn die Straße sich am Geschäft George Fisher gabelt, gehen Sie rechts herunter bis zum Ende der Straße, wo Sie sich links halten und dann durch einen Fußgängertunnel laufen.

Hinter dem Tunnel kommen Sie an einem Eiscafé links vorbei in den Hope Park. Am Wishing Well, einem Wunschbrunnen, halten Sie sich rechts und folgen Sie diesem Weg rechts am P Lakeside-Parkplatz und dem Theatre on the Lake vorbei zum See. Biegen Sie nun links auf die Uferpromenade mit dem Bootsverleih ab und folgen Sie diesem Weg am Ufer entlang.

Wenn der Weg nach ca. 1,2 km links abdreht, sollten Sie einen Abstecher nach rechts zum Aussichtspunkt Friar's Crag machen, wo mehrere Bänke zum Verweilen einladen.

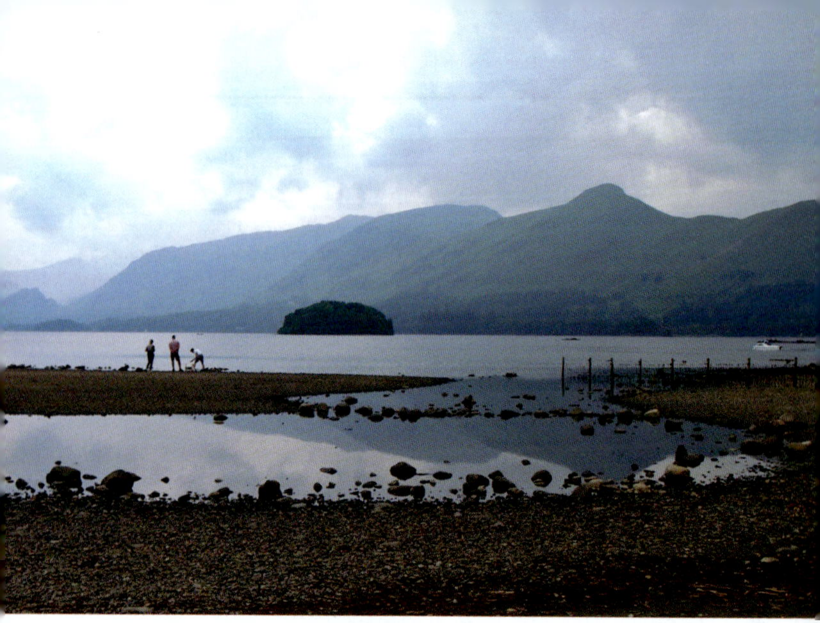

Am Ufer des Sees Derwent Water

John Ruskin (1819-1900), dessen Denkmal Sie auf der linken Seite sehen, hielt diese Aussicht für eine der schönsten in ganz Europa. Auf der gegenüberliegenden Seite des Derwent Water blicken Sie auf den buckligen Berg Catbells, während am südlichen Seeufer die „Jaws of Borrowdale" in den Himmel ragen. Ihren Namen verdankt die Bergkette den spitzen Gipfeln, deren Aussehen ein wenig an Drachenzähne erinnert. John Ruskin war einer der größten englischen Denker des 19. Jahrhunderts und machte sich vor allem als Autor, Kunsthistoriker und Sozialkritiker einen Namen. Eigentlich aus London stammend, nahmen ihn seine Eltern schon als fünfjähriges Kind mit in den Lake District, der ihm schnell ans Herz wuchs. 1871 kaufte er das Haus Brantwood am Ufer des Lake Coniston, in dem er bis zu seinem Tod lebte.

🌐 GC37ZKN Friar's Crag, Schwierigkeit 1, Gelände 2, Tradi, Regular

Nun gehen Sie ein paar Schritte zurück und halten sich am Denkmal rechts, um wieder auf den Hauptweg zu gelangen. Der Weg führt oberhalb des Ufers entlang und dann in ein Wäldchen hinein. Bald stoßen Sie auf ein Sträßchen, dem

Sie nach links bis zur Straße B5289 folgen. Kurz vor der Straße zweigt ein schattiger Weg links ab, der parallel zur Straße verläuft. Nach ca. 700 m geht ein durch einen Holzzaun begrenzter Weg links ab, der auf das Wäldchen Cockshot Wood zuläuft. Folgen Sie diesem bis in den Wald hinein und halten Sie sich dort rechts. An der nächsten Gabelung wählen Sie den linken Pfad, um zurück zur Uferpromenade zu kommen, von wo aus Sie rechts am Theater vorbei wieder den Fußgängertunnel erreichen, der Sie zurück in das Ortszentrum führt. Hier können Sie vielleicht die Wanderung mit einem Bummel durch die schönen Straßen Keswicks abschließen.

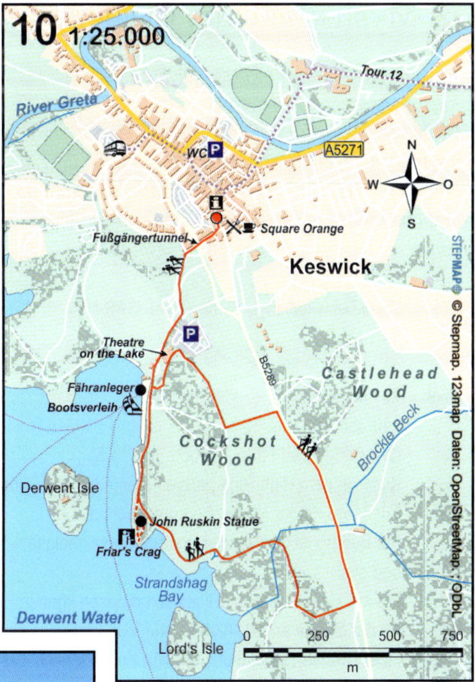

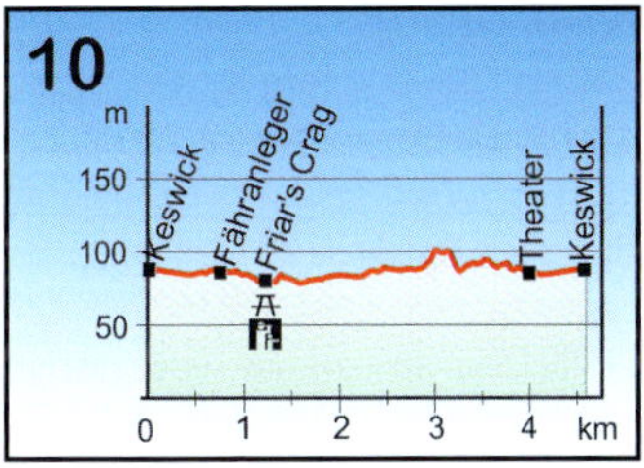

Keswick Tourist Information Centre, Moot Hall, Main Street, Keswick, CA12 5JR, ☏ 08 45 90/108 45, tägl. 9:30-17:30, im Winter 9:30-16:30

Square Orange, 20 St. John's Street, Keswick, CA12 5AS, ☏ 01 76 87/738 88, www.thesquareorange.co.uk, So-Do 10:00-23:00, Fr/Sa 10:00-24:00, sehr nettes Café und Bar, wo leckere Pizzas und Tapas serviert werden

11 Mystische Orte: Castlerigg

Tour für Liebhaber der Vorgeschichte

Diese mittelschwere Rundwanderung ist sehr abwechslungsreich: Sie beginnt am mysteriösen Steinkreis Castlerigg, führt dann über die für die Region so typischen, durch Steinmauern begrenzten Schafwiesen zum 357 m hohen Hügel High Rigg und durch das entlegene Tal St John's-in-the-Vale und am kleinen See Tewet Tarn vorbei wieder zurück zum Ausgangspunkt.

- Start/Ziel: Castlerigg Stone Circle, GPS N 54°36.176' W 003°5.898'
- 14,1 km
- ca. 4 Std. 30 Min.
- 791 m/791 m
- 140-355 m
- Low Bridge End Farm Tearoom (km 11,5)
- Kurz vor dem High Rigg passiert man eine Bank (km 3,4).
- Für ältere Kinder ist der Weg gut machbar.
- Für Buggys ist die Wanderung leider nicht geeignet – der Weg ist teilweise sehr felsig und steil.
- Bis auf kurze Abschnitte über Schafwiesen können Hunde frei laufen.
- An der Straße am Steinkreis kann man kostenlos parken.
- Linie 73A fährt einmal pro Tag von Keswick nach Castlerigg.
- Den Startpunkt erreichen Sie zu Fuß leicht von Keswick entlang der ehemaligen Bahnstrecke („Disused Railway Line“) und der Straße Eleven Trees (ca. 2,6 km).

Der Weg beginnt an dem über 5.000 Jahre alten Steinkreis ⌘ Castlerigg.

Der Steinkreis von Castlerigg mag weniger bekannt sein als das südenglische Stonehenge, doch seine Lage ist weitaus beeindruckender. Das Plateau, auf dem der Kreis in der frühen Bronzezeit errichtet wurde, ist auf allen Seiten von hohen Gipfeln umgeben, sodass es einem fast erscheint, als befinde man sich in einem Amphitheater. Der Kreis aus 40 bis zu 16 Tonnen schweren Steinen ist einer der ältesten Steinkreise Europas, und Historiker streiten sich noch immer über dessen ursprüngliche Funktion: Vielleicht war es ein wichtiger Versammlungsort, vielleicht eine religiöse Kultstätte oder ein Ort für astronomische Berechnungen oder eine Kombination aus allen dreien.

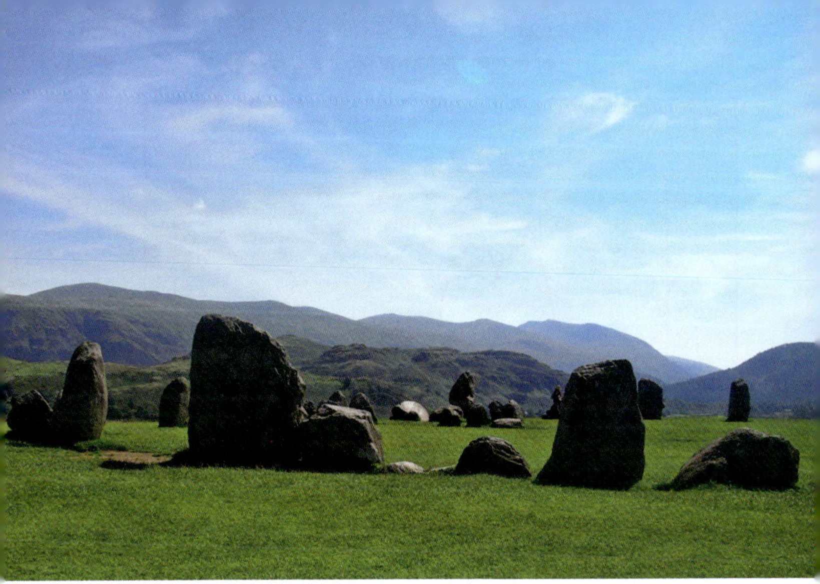

Der Steinkreis von Castlerigg

Vom Steinkreis aus laufen Sie die Straße 200 m nach Osten und folgen einem Pfad nach rechts, der nach „High Nest" ausgeschildert ist. Halten Sie sich links am Zaun und überqueren Sie zwei Wiesen, die jeweils durch ein Gatter verbunden sind. Behalten Sie die gleiche Richtung bei, bis Sie auf einen Schotterweg stoßen, der zum Hof High Nest führt.

Hinter dem Hof gehen Sie durch ein Gatter, das zur A591 ausgeschildert ist. Folgen Sie dem Sträßchen nach rechts bis zur Hauptstraße, wo Sie links abbiegen. Nach 80 m führt die Route links durch ein Gatter auf ein Feld. Halten Sie nun auf den Stieg in der gegenüberliegenden Mauer zu. Von hier aus laufen Sie geradeaus ins Tal hinab. Ein Gatter führt bald auf einen breiteren Weg, dem Sie 100 m folgen, bis Sie nun links auf die Brücke über das Flüsschen Naddle Beck zuhalten.

Gehen Sie durch eine Öffnung zwischen der Mauer und dem Zaun geradeaus, laufen Sie 100 m am Zaun entlang und überqueren Sie dann das Feld zu Ihrer Rechten in östlicher Richtung und verlassen Sie es durch ein Gatter. Halten Sie auf den Weg zu, der den Hügel High Rigg hinaufführt. Sie folgen diesem Sträßchen nach links, bis Sie zu einem kleinen Waldgebiet kommen. Kurz vor einer ⩩ Bank folgen Sie dem Pfad, der rechts neben einem kleinen Bach den

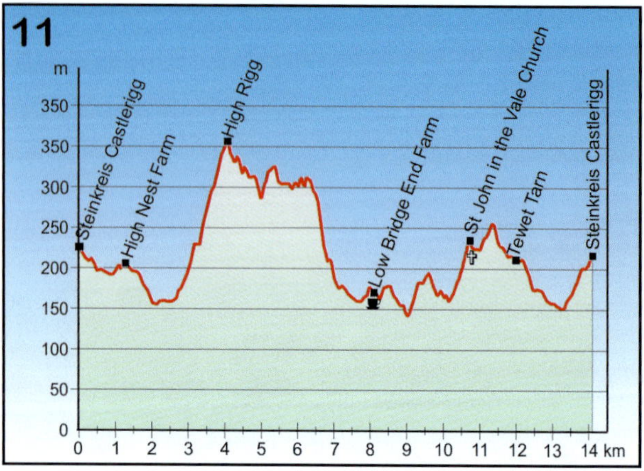

Berg hinaufführt. Sie gehen über eine Brücke und halten sich, wenn der Weg sich gabelt, rechts und dann an der nächsten Kreuzung links. Bald sehen Sie den 357 m hohen Gipfel von High Rigg vor sich.

GCX766 High Rigg Summit, Schwierigkeit 2, Gelände 3, Tradi, Small

Laufen Sie hier nach rechts und dann in einem Halbkreis um den Gipfel herum. Anschließend folgen Sie dem Pfad nach links, der auf eine Steinmauer im Tal zuführt. Im Tal angekommen verläuft der Weg parallel zu dieser Mauer und führt ca. 700 m nach dem Gipfel von High Rigg an einem Teich vorbei. Kurz hinter einem Zaunstieg laufen Sie nach links und gelangen zu einem weiteren Teich. Der Weg führt nun bergab und gibt bald schöne Blicke auf den Stausee Thirlmere frei. Sie überqueren einen Zaunstieg und und laufen dann den heidebewachsenen Bergrücken Long Band entlang, immer geradeaus in südöstlicher Richtung. Am südlichen Ende des Kamms führt der Pfad steil ins Tal ab. Unten angekommen laufen Sie durch eine Öffnung in einer Steinmauer, hinter der es noch einmal einige Schritte bergauf geht, und dann durch ein waldiges Gebiet ins Tal hinab. Wenn Sie schon fast an der Autostraße im Tal angekommen sind, gabelt sich der Weg. Sie laufen nach links und dann immer parallel zum Flüsschen St John's Beck, bis Sie zur Low Bridge End Farm kommen, wo es leckeren selbst gemachten Kuchen gibt.

Low Bridge End Farm, St John's-in-the-Vale, Keswick, CA12 4TG, ☏ 0176 87/792 42, www.campingbarn.com, tägl. ☺ Wenn die Besitzer nicht anwesend sind, können Sie sich selbst bedienen und Geld in der „Honesty Box" hinterlassen. Hunde willkommen

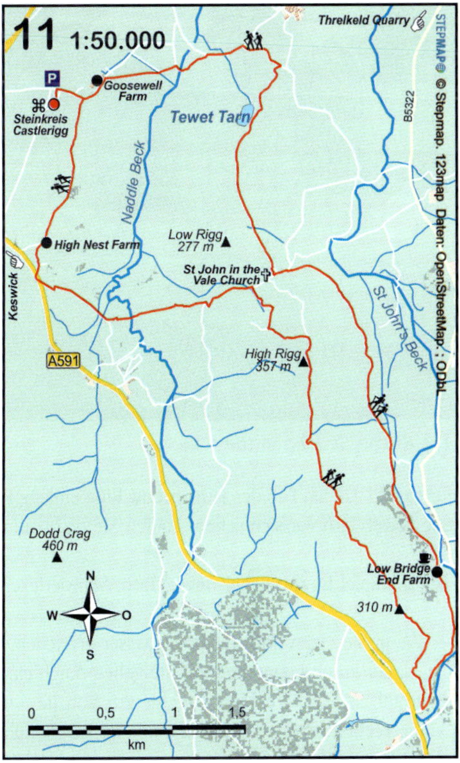

Folgen Sie dem Weg von hier aus immer geradeaus weiter. Nach ca. 2,6 km stoßen Sie auf eine kleine Straße. Gehen Sie die Straße links hinauf bis zur ✝ Kirche St John in the Vale.

Die heutige St John in the Vale Church wurde 1845 auf den Grundsteinen einer viel älteren Kirche gebaut, die seit mindestens 1554 hier gestanden haben muss. Wie so viele Kirchen im Lake District ähnelt das niedrige Gebäude mit dem winzigen Turm einer einfachen Feldscheune. Typisch sind auch die uralten Eiben auf dem Friedhof. Niemand kann mit Gewissheit sagen, weshalb auf so vielen britischen Kirchhöfen Eiben zu finden sind, aber vieles deutet darauf hin, dass die langlebigen Bäume für die Kelten ein Symbol der Ewigkeit waren und die frühen Christen in Britannien sie als Symbol der Wiederauferstehung übernahmen.

Rechts von der Kirche auf der gegenüberliegenden Straßenseite steigen Sie jetzt über einen Zaunstieg in der Mauer. Folgen Sie dem gut erkennbaren Pfad

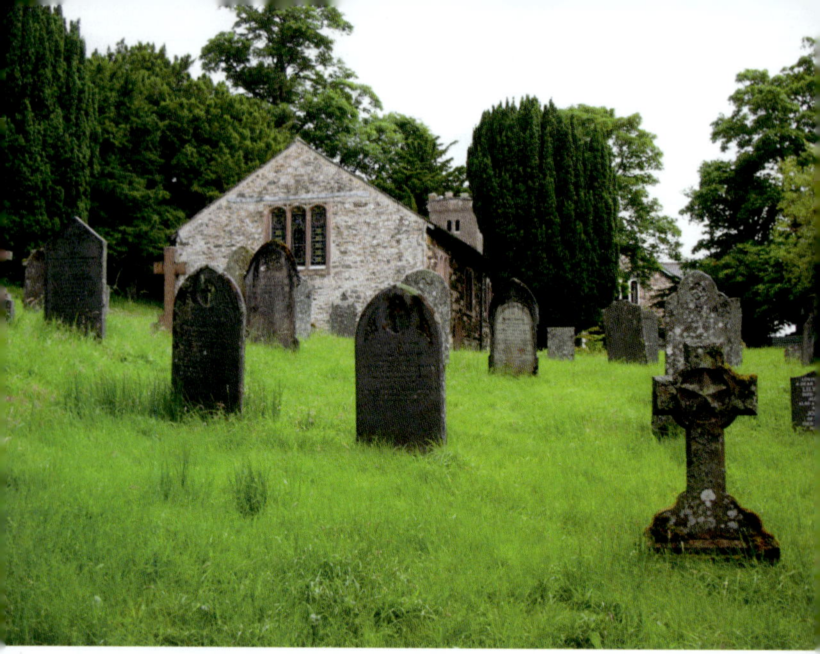

Die Kirche St John in the Vale

für ca. 1,1 km am Fuß des Hügels Low Rigg entlang Richtung Norden, bis Sie den See Tewet Tarn vor sich sehen. Laufen Sie rechts um den See herum.

🌐 Gipfel Bowscale Fell Tewet Tarn, Schwierigkeit 2, Gelände 2, Tradi, Small

Wenn Sie einen hölzernen Wegweiser erreichen, laufen Sie schräg rechts auf die Mauer zu und dann bergab. Sie gehen durch eine Öffnung in der Mauer und dann auf eine weitere Mauer rechts zu. Von hier aus laufen Sie auf ein Gatter schräg rechts unten zu, das auf eine Autostraße führt. Folgen Sie dieser Straße nach links und halten Sie sich dann an den nächsten zwei Kreuzungen jeweils wieder links. Sobald Sie die Brücke über den Bach Naddle Beck überquert haben, gehen Sie links durch ein Gatter auf ein Feld und laufen auf den Hof Goosewell Farm vor Ihnen zu. Sie überqueren vier Felder in westlicher Richtung und stoßen dann auf die Straße, die Sie links zurück zum ⌘ Steinkreis bringt.

⓬ Auf den Gipfel von Blencathra

Tour für Gipfelstürmer und Abenteurer

Diese anspruchsvolle Wanderung führt vom Dorf Mungrisdale auf den 868 m hohen Blencathra und weiter nach Keswick, von wo aus man schnell mit dem Bus wieder zum Ausgangspunkt zurückkommt. Der erste Teil der Wanderung führt durch eine raue, einsame Gegend, wo der Verlauf des Weges nicht immer leicht zu erkennen ist. Sobald Sie den Gipfel von Blencathra erklommen haben, laufen Sie aber auf guten Pfaden mit herrlichem Blick über den See Derwent Water wieder ins Tal hinab, von wo aus es an einer ehemaligen Bahnlinie entlang weiter in das Städtchen Keswick geht.

→ Start: Mungrisdale, Parkplatz an der roten Telefonzelle, GPS N 54°39.831‘ W 002°59.435‘; Ziel: Keswick, Busbahnhof, GPS N 54°36.103 W 003°08.495’

16,8 km

ca. 6 Std

↑ ↓ 1.195 m/1.362 m

⇧ 84-868 m

Mill Inn (km 0), viele Einkehrmöglichkeiten am Ziel in Keswick

keine Rastplätze am Weg

WC öffentliche Toilette am Blencathra Centre (km 12,3)

Der Weg ist nur für ältere, wanderbegeisterte Kinder zu empfehlen.

Für Buggys ist die Strecke leider nicht geeignet.

Der letzte Teil des Weges führt über eine von vielen Fahrradfahrern benutzte Strecke und dann durch den geschäftigen Ortskern von Keswick, sonst ideal.

P An der roten Telefonzelle in Mungrisdale befindet sich ein Parklatz mit „Honesty Box“ (Bezahlung auf freiwilliger Basis).

Die Linien 73 und 73A (während der Schulferien täglich, sonst nur am Wochenende) fahren stündlich von Keswick nach Mungrisdale.

Keswick Cabs, www.keswickcabs.co.uk, ☏ 01 76 87/369 96 oder 07 42 80/919 15

Der Weg startet in dem einsam gelegenen Dörfchen Mungrisdale, das aus nichts mehr als einigen Dutzend Häusern, einer Kirche und dem urigen Pub The Mill Inn besteht:

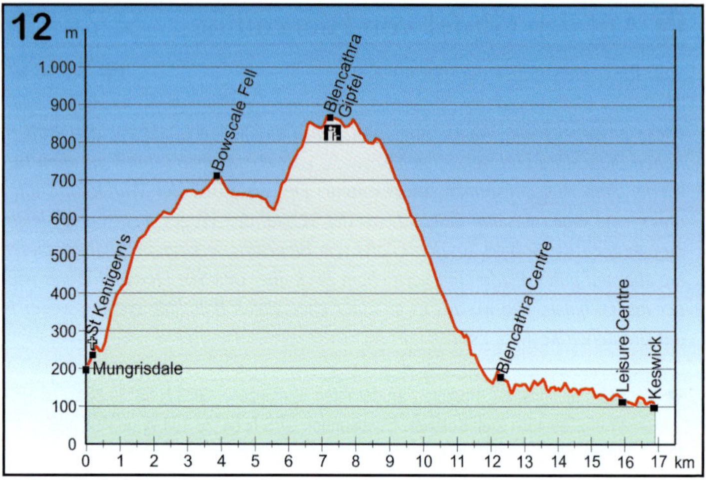

The Mill Inn, Mungrisdale, CA11 0XR,
www.robinsonsbrewery.com/pubs-inns-and-hotels/find-a-pub/t-z/themillinn,
01 76 87/796 32, tägl. 12:00-23:00, warme Küche 12:00-21:00

Folgen Sie der kleinen Hauptstraße in nördlicher Richtung an der Kirche St Kentigern's vorbei.

St Kentigern's, Mungrisdale, CA11 0XR, tägl. 9:30-18:00

Der heilige Kentigern, auch als heiliger Munro bekannt, lebte im 6. Jahrhundert in der Gegend der heutigen Stadt Glasgow, dessen Schutzpatron er ist. Sein Wappentier ist das Rotkehlchen, da er einen dieser Vögel zum Leben wiedererweckt haben soll, nachdem sein Schüler es versehentlich getötet hatte. Auch der Name Mungrisdale, Tal des Mungos, geht auf ihn zurück.

Kurz hinter der Kirche geht eine Straße rechts ab. Sie folgen hier der Hauptstraße weiter nach links und biegen dann sofort nach der Kurve links in einen Schotterweg ab. Gehen Sie durch ein Gatter und dann rechts einen schmalen Pfad hoch, der steil den Hang hinaufführt. Sie steigen jetzt immer in westlicher Richtung bergauf, bis nach ca. 3 km der Weg nach Südwesten abdreht und Sie

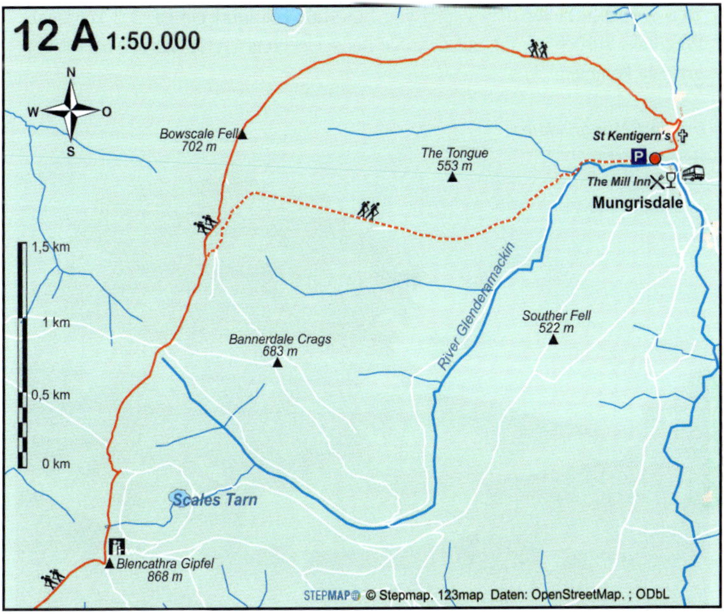

nach weiteren 600 m den Gipfel des 702 m hohen Bowscale Fell erreichen, wo sich ein dreiseitiger Windschutz befindet.

Von hier aus führt der Weg in südwestlicher Richtung direkt auf den mächtigen Blencathra zu. Es geht kurz bergab und dann über eine sumpfige Hochebene, wo Sie sich am besten links von den Teichen halten.

Es ist kaum verwunderlich, dass die raue, einsame Bergwelt, durch die Sie jetzt wandern, in der Vergangenheit der Nährboden für allerlei Spuk- und Geistergeschichten war. So sollen am Abend vor der Sommersonnenwende im Jahr 1745 26 Bewohner Mungrisdales gesehen haben, wie eine riesige Armee mit Pferdewagen über den Gipfelgrat des Southern Fell, der nun zu Ihrer Linken liegt, marschierte. Das Phänomen dauerte mehrere Stunden an. Obwohl die Bewohner wussten, dass der Gipfel viel zu steil für Pferdewagen war, suchten sie am nächsten Morgen nach Spuren, fanden aber keine. Die merkwürdige Geisterarmee wurde wiederholt von weiteren Zeugen gesehen, immer am Abend des 23. Juni.

400 m hinter dem Gipfel von Bowscale Fell führt ein ca. 3,2 km langer Weg links zurück ins Tal, auf dem Sie bei schlechtem Wetter zurück nach Mungrisdale kommen.

Im Dorf Mungrisdale

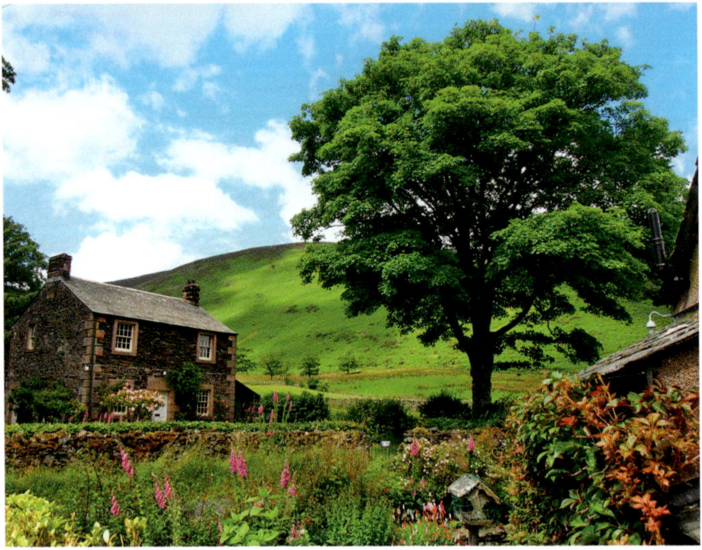

Der Weg wird bald wieder besser begehbar und fällt an der Quelle des Baches Glenderamackin kurz ab, um dann sehr steil auf den ersten von sechs Gipfeln von Blencathra, den Atkinson Pike, zu führen. Zu Ihrer Linken sehen Sie bald Sharp Edge, einen ausgesetzten Grat, der von wagemutigen Kletterern gern als Alternativroute für den Aufstieg auf Blencathra benutzt wird. Von hier aus geht es über den breiten Bergrücken weiter, dessentwegen Blencathra auch als „Saddleback" (Sattelrücken) bekannt ist. Hinter dem weißen Steinkreuz erreichen Sie den eigentlichen Gipfel, der durch einen Metallring gekennzeichnet ist.

Bei gutem Wetter können Sie von hier nicht nur etliche Gipfel des Lake Districts sehen, sondern sogar die Isle of Man und die Mourne Mountains in Nordirland.

GCVE67 Blencathra, Schwierigkeit 1,5, Gelände 4, Tradi, Small

Vom Gipfel folgen Sie dem Pfad immer in südwestlicher Richtung zum etwas niedrigeren Gipfel Blease Fell und dann weiter über einen gut erkennbaren Weg hinab ins Tal. Von hier eröffnen sich schöne Blicke über den See Derwent Water. Ca. 4,5 km hinter dem Gipfel von Blencathra stoßen Sie schließlich auf das Sträßchen Blease Road, wo Sie kurz links und dann rechts durch ein Gatter hinunter zum Schullandheim Blencathra Centre mit öffentlichem WC gehen.

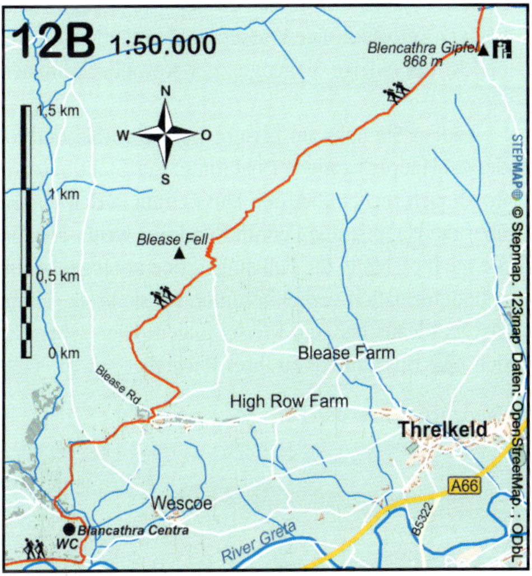

Folgen Sie dem Pfad, der hinter dem Zentrum in südwestlicher Richtung auf ein kleines Waldgebiet zuläuft. Ein Zaunstieg führt auf ein weiteres Sträßchen, wo Sie rechts hinunter zu einem Gehöft und dann links weitergehen. Sie kommen in ein Waldgebiet, überqueren links eine Brücke und laufen weiter, bis Sie auf eine weitere kleine Straße

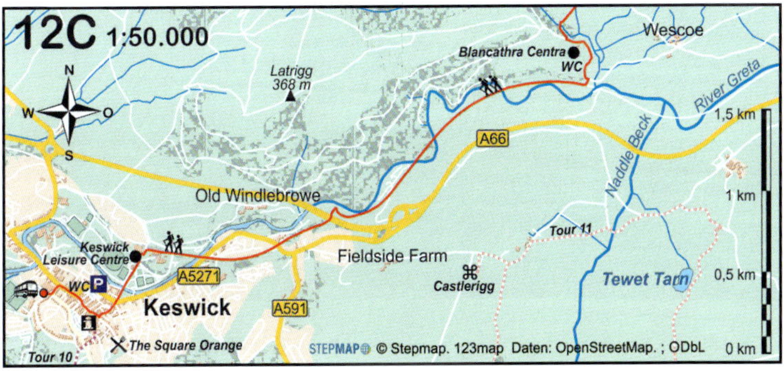

stoßen. Folgen Sie dieser bis zur nächsten Kreuzung, wo Sie rechts abbiegen. Dann gehen Sie sofort wieder rechts, um nun dem Old Keswick Railway Path zu folgen, der entlang einer ehemaligen Eisenbahnstrecke verläuft. Sie folgen diesem für ca. 3,4 km entlang des Flusses Greta bis zum Keswick Leisure Centre.

Halten Sie am Fluss Greta Ausschau nach den seltenen Wasseramseln, die man hier oft zu sehen bekommt. Die dunkelbraunen Vögel mit weißer Brust gehören trotz des Namens nicht zur Amselfamilie, sondern sind am nächsten mit den Zaunkönigen verwandt. Die Wasseramsel ernährt sich von aquatisch lebenden Insekten und ist der einzige Singvogel, der sowohl schwimmen als auch tauchen kann.

Laufen Sie links am Leisure Centre vorbei und folgen Sie dem Weg, der von dessen Haupteingang links herunter zur Station Road führt. Sie folgen der Station Road nach rechts über den Fluss Greta in den Ortskern hinein, gehen geradeaus über die Hauptstraße Penrith Road und weiter bis zum Pub The Royal Oak, wo Sie nach rechts in die Fußgängerzone abbiegen. Laufen Sie diese an der Touristeninformation vorbei herunter, bis sie in die Straße Main Street übergeht, der Sie geradeaus bis zum Kreisel folgen. Hier gehen Sie nach links und sehen bald den Busbahnhof zu Ihrer Rechten.

Blencathra aus der Ferne

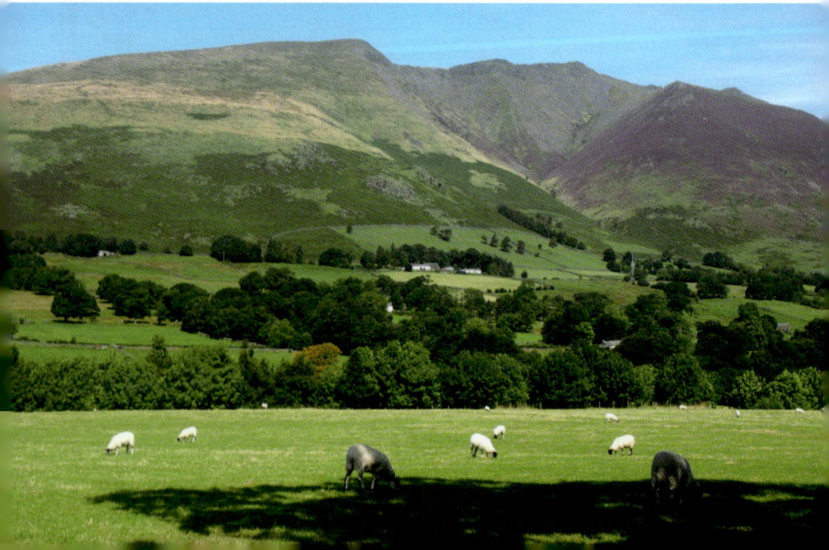

13 Durch das Tal Borrowdale

Tour für Naturliebhaber und Genießer

Das Tal Borrowdale zog schon im 19. Jahrhundert englische Maler wie Constable und Turner in seinen Bann und ist noch heute eines der Favoriten vieler Besucher des Lake Districts. Dieser mittelschwere Rundweg führt erst über einen steilen Pfad zum abgelegenen Ort Watendlath, dann weiter zum Wasserfall Lodore und anschließend am Südufer des Sees Derwent Water entlang zum Berg Castle Crag, von wo aus Sie einen herrlichen Rundumblick über das Tal haben. Neben der landschaftlichen Schönheit lädt dieser Weg auch zum Genießen ein: Sie kommen immer wieder an netten Cafés vorbei, in denen sich eine Pause lohnt.

Start/Ziel: im Dorfzentrum von Rosthwaite, GPS N 54°31.407' W 003°8.899'

12,8 km

ca. 5 Std.

903 m/903 m

78-332 m

Flock-In Tea Room (km 0 bzw. 12,8), Caffle House Tearooms (km 2,8), High Ladore Farm Cafe (km 6,1), Grange Café (km 9,2), Grange Bridge Cottage Tea Shop (km 9,2)

kein Rastplatz auf dem Weg

WC öffentliche WCs in Watendlath (km 2,8)

Bademöglichkeit am Fluss Derwent (km 10)

Der Weg ist für ältere Kinder gut machbar.

Der Weg ist leider nicht für Buggys geeignet.

Die Route verläuft wiederholt entlang von wenig befahrenen Straßen.

P gebührenpflichtiger Parkplatz in Rosthwaite (£ 6 für einen halben Tag) oder an der Village Hall direkt nebenan (£ 3)

Linien 77, 77A und 78 von März bis Ende Okt. ca. stündlich von Keswick nach Rostwaithe, Linie 78 am Wochenende und während der Schulferien alle 30 Min.

Vom P Parkplatz aus gehen Sie nach links, überqueren an der Bushaltestelle die Straße und nehmen rechts einen Weg über eine Brücke. Hinter der Brücke wählen Sie den Weg, der schräg links den Berg hinaufführt und nach „Watendlath“ ausgeschildert ist. Der Weg wird bald sehr steil und steigt immer weiter an.

Vergessen Sie nicht, sich ab und zu umzudrehen: Je höher Sie kommen, desto schöner wird der weite Blick über das Borrowdale zu den umliegenden Gipfeln, einschließlich Englands höchstem Berg Scafell Pike.

Wenn Sie eine Gruppe von hohen alten Bäumen erreicht haben, die als die „Six Sisters" bekannt sind (fünf Pinien und eine Eibe), dauert es nicht mehr lange, bis Sie den Anstieg geschafft haben. Sie kommen schließlich auf eine heidebewachsene Anhöhe, von wo aus der Weg nun ins Tal zu der kleinen Siedlung Watendlath abfällt.

Caffle House Tearooms, Watendlath, CA12 5UW, ☏ 01 76 87/772 19, Öffnungszeiten wetterabhängig

Um in den Ort mit öffentlichen WCs zu kommen, gehen Sie über die Brücke, sonst laufen Sie links des Baches abwärts am Talrand entlang, bis Sie nach ca. 1,5 km zu einer Kreuzung gelangen. Hier gehen Sie nicht rechts über die Brücke, sondern links in einen Wald hinein. Der Weg führt bald hinab zum Wasserfall von Lodore, wo Sie sich links halten.

Bei trockenem Wetter besteht der Wasserfall von Lodore nur aus einem kleinen Rinnsal, aber nach viel Regen braust und schäumt er mit großer Wucht ins Tal.

Berühmt ist der Wasserfall dank des Gedichtes „Cataract at Lodore" des Romantikers Robert Southey (1774-1843), das fast nur aus Verben besteht: „Dashing and flashing and splashing and clashing; and so never ending but always descending" lautet eine der Zeilen.

GCMEMX Lodore Falls, Schwierigkeit 2,5, Gelände 2,5, Tradi, Small

Über einen steilen Pfad gelangen Sie nun zurück ins Tal und stoßen an der High Lodore Farm mit schönem Cafe auf die Hauptstraße B5289, der Sie nach links folgen.

High Lodore Farm Cafe, Borrowdale CA12 5UY, ☏ 017 68/77 72 21, www.highlodorefarm.co.uk, tägl. 10:00-17:00. Für kleine Kinder gibt es vor dem Café etliches Spielzeug wie Rutschen und Dreiräder, Hunde sind willkommen.

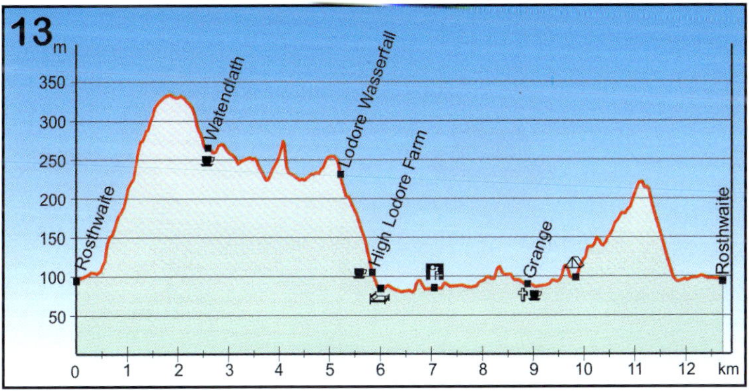
13
m
350
300
250
200
150
100
50
Rosthwaite
Watendlath
Lodore Wasserfall
High Lodore Farm
Grange
Rosthwaite
0
1
2
3
4
5
6
7
8
9
10
11
12
km

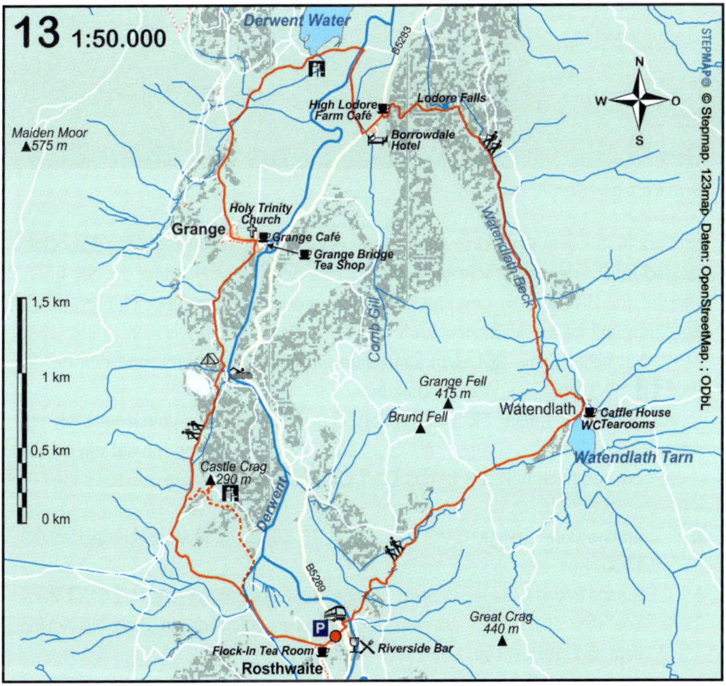
13 1:50.000
Derwent Water
B5283
High Lodore Farm Café
Lodore Falls
Borrowdale Hotel
Maiden Moor
575 m
Holy Trinity Church
Grange
Grange Café
Grange Bridge Tea Shop
Watendlath Beck
Comb Gill
1,5 km
1 km
0,5 km
0 km
Grange Fell
415 m
Brund Fell
Watendlath
Caffle House
WC Tearooms
Watendlath Tarn
Castle Crag
290 m
Derwent
B5289
Great Crag
440 m
Flock-In Tea Room
Riverside Bar
Rosthwaite
N
W
O
S
STEPMAP © Stepmap. 123map Daten: OpenStreetMap. : ODbL

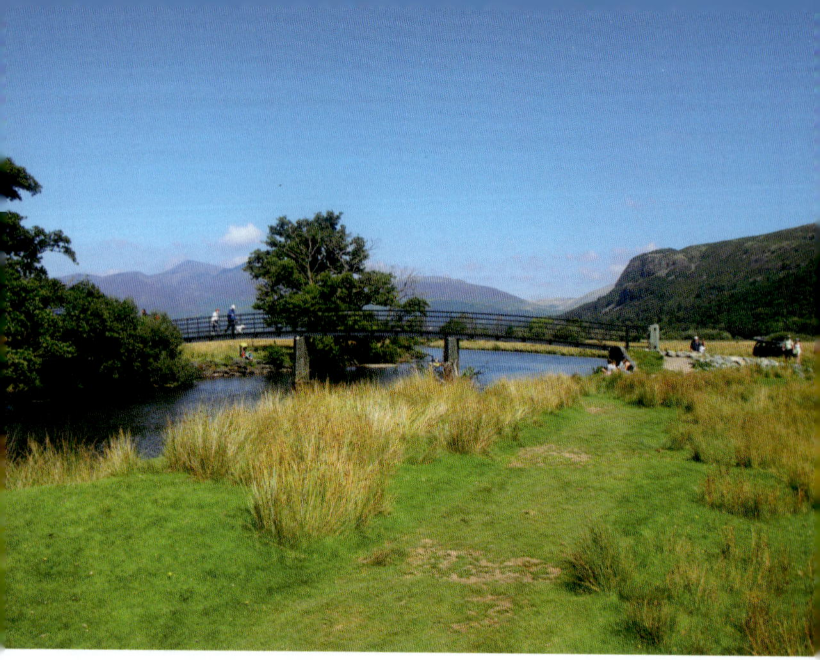

Brücke über den Fluss Derwent

Kurz hinter dem 🛏 Borrowdale Hotel gehen Sie rechts durch ein grünes Gatter und folgen dem Weg schräg rechts auf den See Derwent Water zu. Sie überqueren eine Brücke über den Fluss Derwent und laufen dann über Planken durch das Sumpfgebiet am südlichen Ende des Sees bis zu einer schönen Bucht. Hier steht zwar keine Bank, trotzdem kann man gut am Strand sitzen und den herrlichen Blick über das Wasser genießen.

An der Bucht folgen Sie nicht weiter dem Ufer, sondern gehen links ab auf einen Weg, der nach „Grange" ausgeschildert ist. Bald stoßen Sie auf ein Sträßchen, dem Sie nach links bis in das Dorf Grange folgen.

☕ Grange Café, Grange, CA12 5UQ, ☏ 01 76 87/770 77, März-Nov. tägl. 10:00-17:30

♦ Grange Bridge Cottage Tea Shop, Grange, CA12 5UQ, ☏ 01 76 87/772 01, März-Nov. tägl. 10:00-17:00, während der englischen Sommerferien Ende Juli-Anfang Sept. tägl. 10:00-19:00

Holy Trinity Church, Grange, CA12 5UQ, tägl. 9:30 18:00. Die Kirche wurde 1860 gebaut, nachdem eine gewisse Miss Margaret Heathcote beschlossen hatte, dass die Einwohner von Grange ihr eigenes Gotteshaus bräuchten. Die zwei Tafeln mit den Zehn Geboten neben dem Altar wurden von ihr selbst gestaltet.

GC1PQCV Post Haste, Schwierigkeit 1,5, Gelände 1, Tradi, Micro

Telefonzelle in der Nähe von Grange

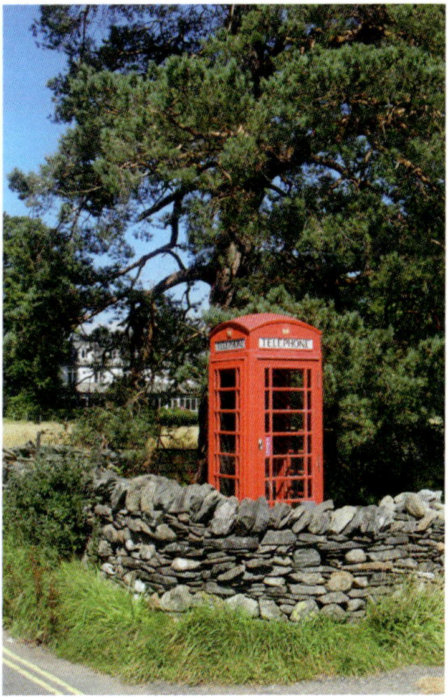

Vor dem Grange Bridge Cottage Tea Shop gegenüber der Kirche biegen Sie rechts auf einen Schotterweg ab. Wenn dieser Weg eine Rechtskurve macht, laufen Sie links auf einen Feldweg, der zurück zum Fluss Derwent führt. Sie kommen an einem Campingplatz vorbei und halten sich an einer Weggabelung links, bis Sie zu einer weiten Schleife des Flusses Derwent kommen, wo man im Sommer gut baden kann.

Sie gehen über eine kleine Holzbrücke und dann schräg rechts den Waldweg hoch. Wenn der Weg sich gabelt, wählen Sie den rechten Weg, der an einer Mauer und einem Zaun entlang am Fuß des Castle Crags den Hang hinaufführt. Sie haben nun die Wahl, in einem Bogen um den Castle Crag herumzulaufen oder auf den 290 m hohen Gipfel zu klettern. Der Weg auf den Gipfel führt über sehr steile Schieferhalden, wo Sie besonders bei feuchtem Wetter gut aufpassen sollten.

Um den Gipfel zu erreichen, nehmen Sie den gut zu erkennenden Pfad links, der durch einen Mauerstieg steil aufwärtsführt (GPS N 54°31.907' W 003°9.821'). Sie klettern über einen weiteren Mauerstieg und steigen dann vorsichtig den Weg hoch, der im Zickzack die Schieferhalden hinaufführt. Auf dem Gipfel erinnert eine Gedenktafel an die Gefallenen der beiden Weltkriege. Nachdem Sie die Aussicht über das Tal Borrowdale genossen haben, gehen Sie zurück zur Halde, überqueren den obersten Mauerstieg (Achtung: Der Weg über den unteren Mauerstieg führt Sie zurück nach Grange.) und steigen bergab, bis Sie auf einen breiten Weg stoßen, wo Sie rechts gehen, um wieder zum Hauptweg zu gelangen.

GC4RZGA King of the Castle, Schwierigkeit 2, Gelände 3,5, Earth Cache, Regular

Der Pfad hoch zum Gipfel von Castle Crag

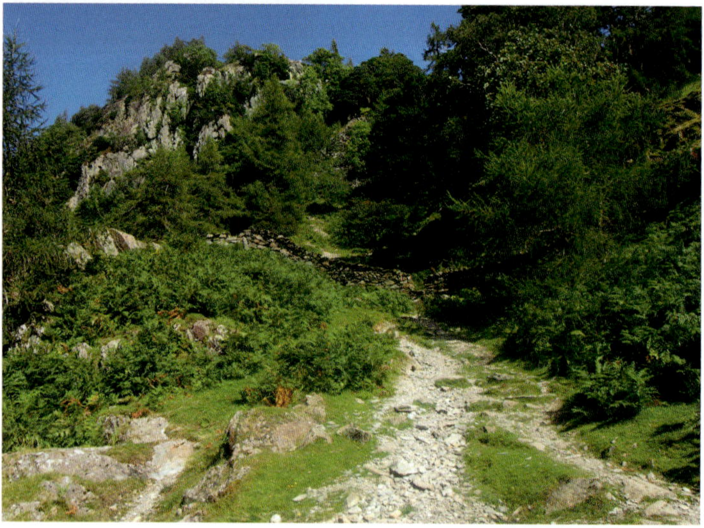

Um sich herum sehen Sie überall die Überreste der Halden, an denen am Castle Crag bis in die 1960er Schiefer abgebaut wurde. Auch mehrere kleine Höhlen stammen aus dieser Zeit. Eine von diesen wurde in den 1920ern von dem Exzentriker Millican Dalton bewohnt, nachdem er seinen Job als Versicherungskaufmann in London aufgegeben hatte. Er wurde Veganer, stellte seine eigene Kleidung her und ernährte sich hauptsächlich von Haselnüssen, Kräutern und den Kartoffeln, die er vor seiner Höhle anbaute.

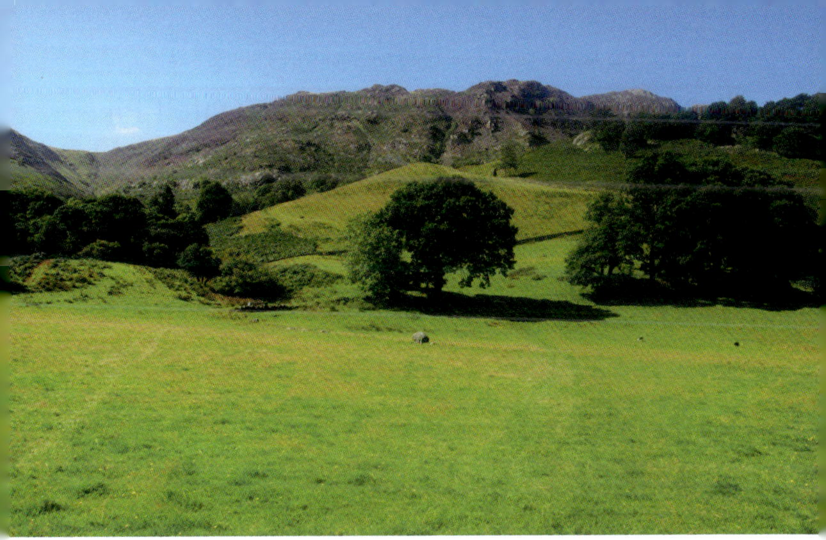

Vom Castle Crag zurück nach Rosthwaite

Wenn Sie den Gipfel nicht besteigen wollen, laufen Sie geradeaus auf dem breiten Weg weiter, bis Sie eine Anhöhe erreicht haben. Nun zweigt bald links ein breiter Grasweg ab, dem Sie in südöstlicher Richtung hinab in das Tal folgen. Unten angekommen halten Sie sich rechts, überqueren eine alte Brücke und laufen auf einem Schotterweg entlang des Flusses Derwent in den Ort Rosthwaite hinein, wo Sie sich im Flock-In mit leckerem Essen verwöhnen können.

☕ Flock-In Tea Room, Yew Tree Farm, Rosthwaite, CA12 5XB, ☏ 07 09 33/034 62, 💻 www.borrowdaleyewtreefarm.co.uk/flock-in, 🚪 Feb.-Nov. tägl. 10:00-17:00, Mittwoch Ruhetag

☺ Die Yew Tree Farm vermietet auch ein paar relativ preisgünstige Zimmer, die selbst bei Adligen beliebt sind. Prinz Charles, der selbst gerne im Lake District wandert, hat schon das ein oder andere Mal hier übernachtet.

Alternativ können Sie weiter zur Hauptstraße und dann kurz nach rechts gehen, um in der ✕ Riverside Bar des 🛏 Scafell Hotels zu essen.

✕ 🍷 Riverside Bar at Scafell Hotel, Rosthwaite, CA12 5XB, ☏ 01 76 87/772 08, 💻 www.scafell.co.uk, 🚪 tägl. 11:00-23:00, warme Küche 12:00-17:00 u. 18:00-21:00

⑭ Auf Englands höchsten Gipfel Scafell Pike

WC

Tour für Gipfelstürmer

Diese Wanderung führt auf den höchsten Gipfel Englands, den 978 m hohen Scafell Pike. Während die meisten Wanderer den Berg von Wasdale aus besteigen, beginnt diese etwas ruhigere Route in Seathwaite in Borrowdale, führt über die Corridor Route hoch zum Gipfel und zurück über Esk Hause. Dieser Rundweg hat teilweise alpinen Charakter und schließt ein paar sehr steile Strecken über rutschige Geröllhalden mit ein, doch auf dem Gipfel werden Sie für Ihre Mühen mit einem grandiosen Rundumblick belohnt. Weil das Wetter auf Scafell Pike sehr schnell umschlagen kann, sollten Sie auf jeden Fall warme, windfeste Kleidung, Kompass und Karte sowie genügend Verpflegung dabeihaben.

Start/Ziel: Seathwaite, GPS N 54°29.953' W 003°10.928'

15,3 km

ca. 7 Std.

1.204 m/1.204 m

129-978 m

Die nächsten Einkehrmöglichkeiten befinden sich in Rosthwaite (☞ Tour 13).

Es gibt keine Rastplätze am Weg.

WC am Start/Ziel am Hof Seathwaite

Der Weg ist nur für ältere Kinder mit Ausdauer und Wandererfahrung geeignet.

Für Buggys ist die Strecke nicht geeignet.

Der Weg führt teilweise über Geröllfelder und ist auch für Hunde anstrengend.

P sehr viele kostenlose Parkmöglichkeiten an der Straße in Seathwaite

Die Linien 77, 77A und 78 verkehren von März bis Ende Okt. ca. stündlich von Keswick nach Seatoller, von wo aus Sie über ein wenig befahrenes Sträßchen zu Fuß in das 1,7 km entfernte Seathwaite kommen.

☺ Bei dieser anspruchsvollen Tour kann es nicht schaden, wenn Sie, so wie die Einheimischen es bei längeren Wanderungen tun, eine Handvoll Kendal Mintcakes im Rucksack mitnehmen. Die Mintcakes sind kleine Zuckertafeln mit Pfefferminzgeschmack und einem dünnen Schokoladenbezug, die schon seit 1880 in Kendal am Rand des Lake Districts hergestellt werden. Wegen ihres hohen Energiegehaltes sind die Tafeln besonders bei Bergsteigern sehr beliebt und schon Edmund Hillary hatte sie bei der ersten Everest-Besteigung im Gepäck. Zu kaufen sind sie in den meisten Geschäften des Lake Districts.

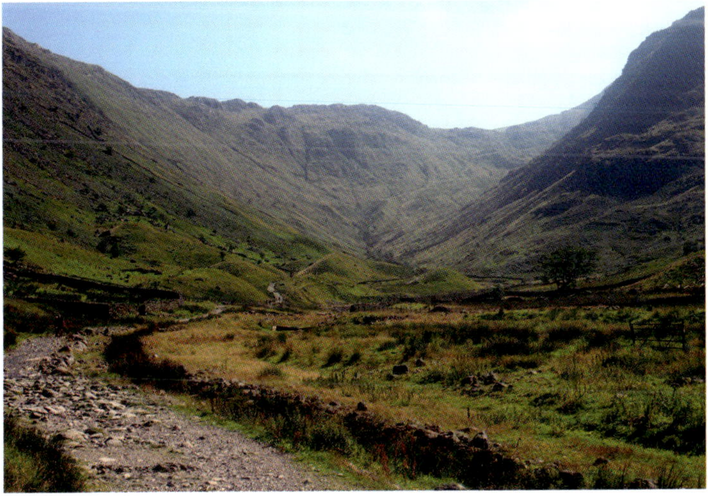

Auf dem Weg zur Stockley Bridge

Überqueren Sie das Gehöft Seathwaite und folgen Sie dem nach Sty Head ausgezeichneten Weg entlang des hier noch eher einem Rinnsal ähnelnden Flusses Derwent. Nach ca. 1,4 km erreichen Sie die Stockley Bridge. Hinter der Brücke laufen Sie durch ein Gatter geradeaus und halten auf ein weiteres Gatter in der Mauer am Berg Aaron's Crack zu. Sofort hinter diesem Gatter überqueren Sie rechts einen Bach und folgen dem Pfad steil bergauf, rechts am See Styhead Tarn vorbei. Nach 300 m erreichen Sie die sogenannte „Stretcher Box".

In der „Stretcher Box" (Tragbahrenkasten) am Sty Head lagert der Rettungsdienst Erste-Hilfe-Ausrüstung, die schon so manchem Wanderer das Leben gerettet hat. Bei extremen Wetterbedingungen soll sich auch schon der ein oder andere Bergsteiger in den Kasten hineingezwängt haben, um dort Schutz zu finden.

An der Stretcher Box halten Sie sich links und überqueren einen Bach. Nach ca. 300 m biegen Sie an einem großen Steinhaufen rechts auf einen felsigen Pfad, den sogenannten „Corridor Path" (GPS N 54°28.470' W 003°12.146').

Wenn Sie bei schlechtem Wetter den Weg verkürzen wollen, biegen Sie nicht rechts ab, sondern halten sich links, bis Sie den Bergsee Sprinkling Tarn erreichen, von wo aus ein Weg auf der rechten Seite des Baches Ruddy Gill zurück ins Tal führt.

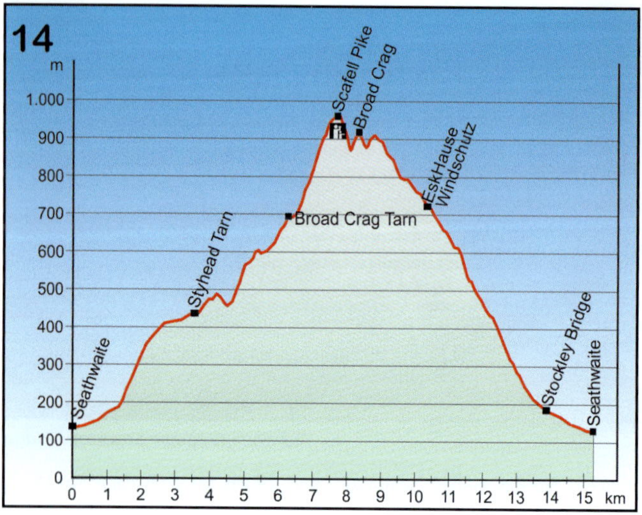

Der Corridor Path fällt zuerst zur Schlucht von Skew Gill ab. Auf der gegenüberliegenden Seite wählen Sie an einer Gabelung den linken, höher gelegenen Pfad. Es eröffnen sich kurz darauf herrliche Blicke auf den Berg Great Gable. Bald kommen Sie zu einer steinernen Treppe, die zur Schlucht Greta Gill herunterführt. Hier müssen Sie einige Meter vorsichtig herabklettern, was aber schlimmer aussieht, als es eigentlich ist!

Nun laufen Sie oberhalb der Schlucht weiter. Wenn der Pfad sich gabelt, halten Sie sich rechts. Laufen Sie weiter an dem kleinen See Broad Crag Tarn vorbei. Zu Ihrer Rechten öffnen sich beeindruckende Blicke in die Schlucht von Piers Gill. Wenn Sie den Bergsattel von Ligmell Col erreichen, gehen Sie links. Hier trifft der Weg, der vom Westen aus dem Tal Wasdale auf den Scafell Pike führt, auf Ihre Route, sodass der Weg von hier an meist etwas geschäftiger wird.

Three Peak Challenge

Wenn Ihnen auf dem Weg zum Scafell Pike hoch die Beine schwer werden, können Sie sich mit dem Gedanken trösten, dass es noch viel schlimmer hätte kommen können: Die „Three Peak Challenge" ist eine Art Marathon für Bergsteiger, bei dem die drei höchsten Berge von Schottland, England und Wales innerhalb von 24 Stunden bestiegen werden müssen. Die meisten „Peakers" beginnen abends mit Ben Nevis in Schottland, fahren weiter zum Scafell Pike, den sie noch vor Morgengrauen in Angriff nehmen, und dann nach Nordwales, um den Mount Snowdon zu bewältigen.

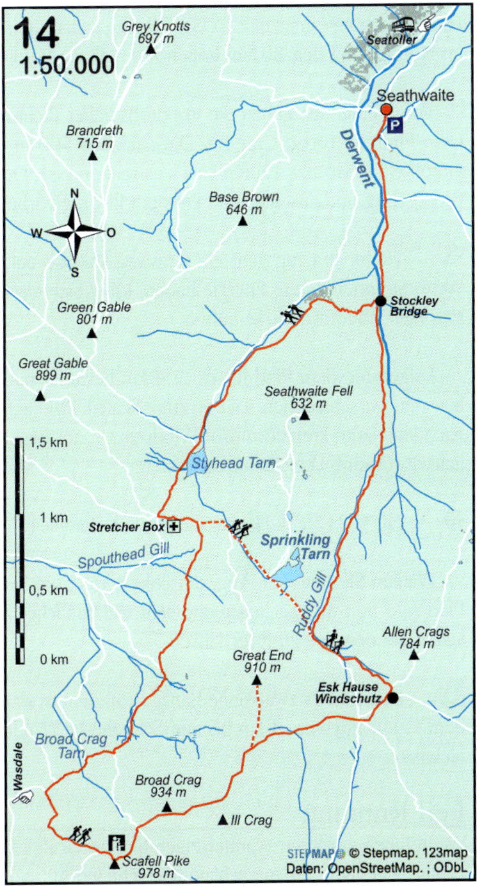

Der Weg führt nun über loses Geröll und ist in gewissen Abständen immer wieder durch kleine Steinhaufen markiert, die Wanderern im Nebel bei der Orientierung helfen sollen. Klettern Sie immer weiter hoch, bis Sie schließlich den Gipfel von Scafell Pike erreichen, der durch einen großen Steinturm markiert ist, der aus der Ferne ein wenig wie ein Haus aussieht. Hier haben Sie sich eine Pause verdient, um, wenn das Wetter mitspielt, die wunderbare Aussicht zu genießen.

Der Berg Scafell Pike war früher unter den Namen „The Pikes“ oder „The Pikes of Scawfell“ bekannt, und tatsächlich besteht der Gipfelgrat aus drei verschiedenen Spitzen: dem eigentlichen Scafell Pike, auf dem Sie sich nun befinden, und den zwei etwas niedrigeren Gipfeln Broad Crag und Ill Crag. Bei klarer Sicht können Sie von hier aus Wales, Schottland, Irland und die Isle of Man ausmachen. Bei einer weniger glücklichen Wetterlage sehen Sie hoffentlich zumindest die Nachbarberge: z. B. den 964 m hohen Sca Fell im Südwesten, der einem aus der Ferne fast höher erscheint als Scafell Pike selbst, den 899 m hohen Great Gable im Norden und den 802 m hohen Kirk Fell im Nordwesten.

Vom Gipfel aus gehen Sie in nordöstlicher Richtung über einen gut ersichtlichen Pfad auf Broad Crag zu. Die nächsten 500 m führen über Felsblöcke und Geröllfelder, wo das Laufen sehr anstrengend ist. Der Weg führt erst rechts am Broad Crag und anschließend links am Ill Crag vorbei.

➯ Hinter Ill Crag geht ein Grasweg links ab auf den Gipfel von Great End. Wenn Sie noch genug Energie haben, lohnt sich ein kurzer Abstecher hinauf, da sich hier grandiose Blicke auftun.

Folgen Sie dem Pfad für ca. 2,4 km herunter nach Esk Hause, wo die Wege aus den verschiedenen Tälern zum Scafell Pike aufeinandertreffen. Gehen Sie nach links zum kreuzförmigen Windschutz, der bei schlechtem Wetter die Möglichkeit für eine Verschnaufpause bietet.

🌐 GC4P312 Esk Hause Shelter, Schwierigkeit 4, Gelände 4, Tradi, Small

Wählen Sie nun den Weg, der links herab zum See Sprinkling Tarn führt. Der Pfad wird nun weniger felsig und sehr viel einfacher zu begehen. Nach ca. 1 km sehen Sie den See zu Ihrer Linken.

☺ Hier gibt es zwar keine Bänke, trotzdem ist der herrlich gelegene See, von dem es nur noch ca. 4 km bis zum Ziel dieser Wanderung sind, ein idealer Picknickplatz.

Fell Running

Wenn Ihnen auf Ihren Wanderungen hier am Scafell Pike oder anderswo drahtige Läufer begegnen, die mit schlammverschmierten (und oft auch blutenden) Beinen die Berge hoch und runter rasen, dann handelt es sich wahrscheinlich um sogenannte Fell Runners. Das Fell Running („Fell" = Berg) ist eine in Nordengland entstandene Sportart, bei der Läufer ähnlich wie beim Crosslauf quer durch die Landschaft rennen, jedoch oft über Berge und Hochmoore ohne gut ersichtliche Pfade, sodass ein Fell Runner neben hervorragender Fitness auch einen guten Orientierungssinn braucht. Einer der berühmtesten Fell Runner aller Zeiten war der in Keswick geborene Bob Graham, der 1932 einen neuen Weltrekord aufstellte: Er lief innerhalb von 24 Stunden auf 42 Gipfel des Lake Districts, von denen Scafell Pike der 29. Berg war.

Kurz vor dem See gehen Sie über die Trittsteine, die über das Flüsschen Ruddy Gill führen, rechts ab. Folgen Sie dem Bachlauf steil abwärts. Sie gelangen zu einer Brücke über den Bach Grains Gill und folgen dem Pfad zurück zur Stockley Bridge, von wo aus Sie wieder zurück nach Seathwaite gelangen. Hier können Sie sich mit dem guten Gefühl erholen, den höchsten Gipfel Englands bewältigt zu haben.

Blick vom Gipfel Scafell Pike

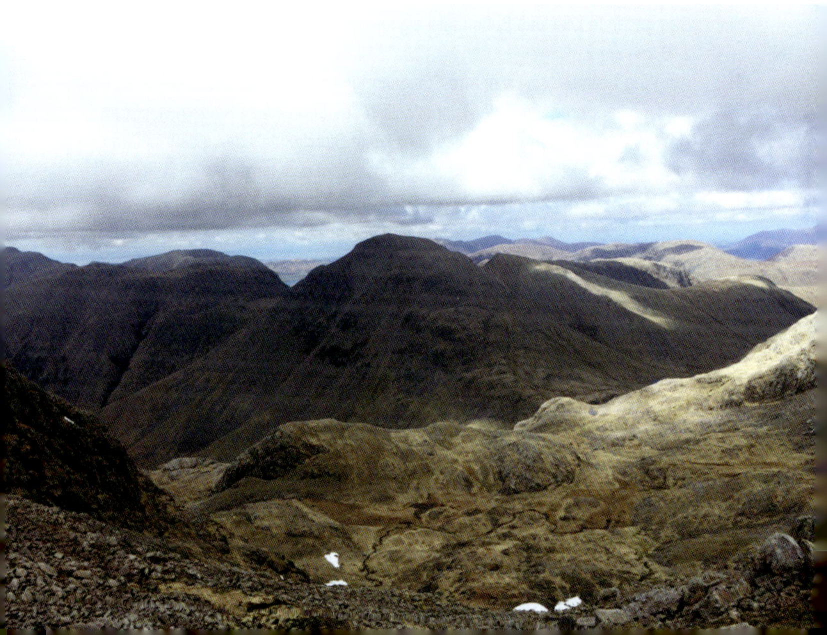

⑮ Rund um den See Buttermere

Tour für Naturliebhaber und Familien

Der von drei Seiten von hohen Bergen umgebene Buttermere gehört zu den malerischsten Seen des Lake Districts. Diese leichte Wanderung führt über einen ebenen Weg einmal um den See herum und kann gut mit der Besteigung des Berges Haystacks (☞ Tour 16) kombiniert werden.

- Start/Ziel: Gatesgarth Farm am Südzipfel vom See Buttermere, GPS N 54°31.427' W 003°14.767'
- 6,2 km
- ca. 2 Std.
- ↑↓ 350 m/350 m
- ⇧ 105-149 m
- Bridge Inn Hotel sowie andere Pubs und Cafés in Buttermere (600 m)
- Bank am Nordostzipfel des Sees (km 4)
- Das gesamte Ufer des Buttermere eignet sich zum Baden, besonders schön ist es z. B. bei km 3.
- Am Weg befinden sich mehrere Stationen für Kinder mit Aufgaben wie z. B. Baumstammbalancieren. Auch der Tunnel östlich des Sees macht Kindern viel Spaß.
- Am Ostufer des Sees ist der Weg über kurze Strecken felsig und sehr uneben.
- In der Bar des Bridge Inn Hotels sind Hunde gern gesehen.
- P Kleiner Parkplatz am Startpunkt (£ 4 pro Tag). Wenn dieser voll ist, kann man den Weg im Dorf Buttermere starten, wo es weitere Parkmöglichkeiten gibt
- Linien 77 und 77A von März bis Ende Okt. ca. stündlich von Keswick nach Buttermere Fish Hotel

Am **P** Gatesgarth-Farm-Parkplatz überqueren Sie die Straße, gehen durch ein Gatter und folgen dem breiten Weg, der südlich des Sees an diesem entlang verläuft. Sie laufen über eine Brücke und folgen dann dem Seeufer nach rechts. Der Weg führt bald auf ebenem Untergrund durch ein Waldgebiet.

Der See Buttermere eignet sich hervorragend zum Schwimmen. Hier am Westufer ist meist weniger Betrieb als am restlichen Ufer.

Schwimmen im Lake District

Sie mögen sich wundern, ob das nordenglische Klima denn tatsächlich zum Baden geeignet ist, aber es gibt wirklich nichts Schöneres, als sich an einem heißen Sommertag in einem der malerisch gelegenen Seen abzukühlen. Das Schwimmen ist überall erlaubt, mit Ausnahme von Ennerdale Water, Thirlmere und Haweswater, da dort Trinkwasser gewonnen wird. Weil die Seen meist felsigen Untergrund haben, lohnt sich das Tragen von Wasserschuhen. Neben Buttermere sind besonders die kleinen Bergseen wie Loughrigg Tarn (☞ Tour 5) zum Schwimmen zu empfehlen, da sich diese wegen ihrer geringen Tiefe im Sommer schnell aufwärmen. Im See Windermere findet jeden Juni der Great North Swim statt, Großbritanniens größter Freiwasserschwimmwettbewerb, an dem jedes Jahr über 10.000 Atlethen teilnehmen.

Am Nordwestende des Sees führt eine Brücke über das Flüsschen Comb Beck. Links liegt nun der Wasserfall von Sourmilk Gill, der nach viel Regen milchig weiß schäumt. Gehen Sie hier über die Brücke. Nun haben Sie die Möglichkeit, einen

Pause am See Buttermere

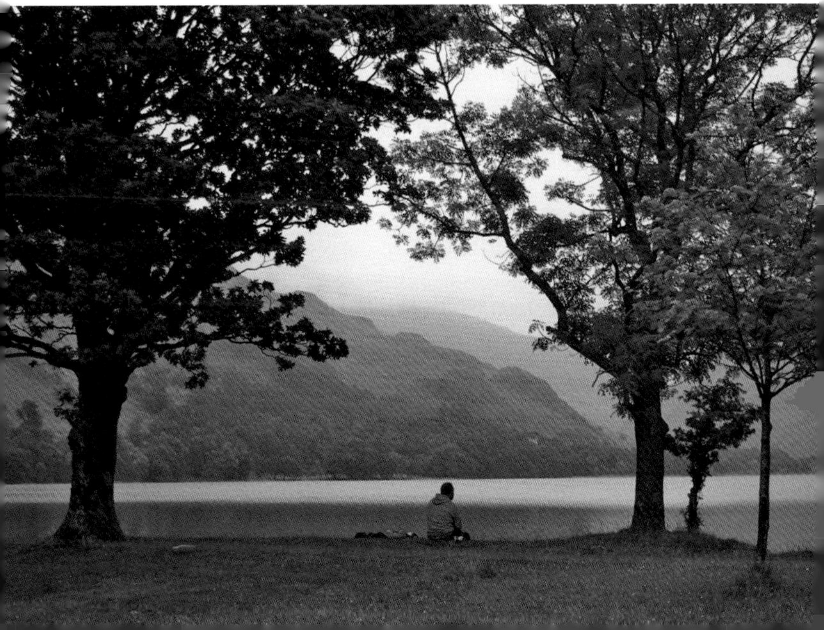

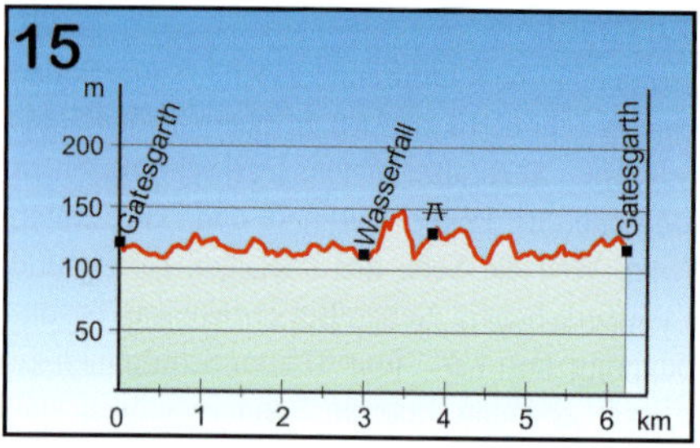

kurzen Abstecher in das Dorf Buttermere zu machen (600 m), wo es mehrere Einkehrmöglichkeiten gibt.

Gehen Sie hierfür durch das Gatter links und folgen Sie dem Weg am Fish Inn und Bridge Inn vorbei durch das Dorf.

The Fish Inn, Buttermere, CA13 9XA, 01 76 87/702 53, www.fishinnbuttermere.co.uk, Mo-Sa 10:30-15:00 und 18:00-23:00, warme Küche 12:00-14:00 und 18:00-21:00

The Bridge Inn, CA13 9UZ, www.bridge-hotel.com, 01 76 87/702 52, tägl. 9:00-23:00, Essen 9:00-21:30, Hunde willkommen

Das Fish Inn war bereits im 19. Jahrhundert eine Art Touristik-Hotspot: 1792 veröffentlichte Joseph Budworth einen Wanderführer über den Lake District, in dem er die Tochter des Fish-Inn-Wirtes als große Schönheit anpries, die man einfach mal gesehen haben muss. Die damals 15-jährige Mary Robinson wurde schnell als die „Beauty of Buttermere" berühmt, und selbst die Dichter Coleridge und Wordsworth kamen, um sie mit eigenen Augen zu sehen. Doch dann ereilte das Mädchen ein tragisches Schicksal. Sie heiratete einen Mann namens John Hatfield, der sich als Bruder eines Grafen ausgab, sich aber später als bereits verheirateter Betrüger herausstellte. Er wurde 1803 gehängt. Die Geschichte machte in ganz Großbritannien die Runde und lockte über Jahrzehnte hinweg neugierige Besucher aus dem ganzen Land in diese abgeschiedene Ecke Englands.

An der Syke Farm biegen Sie anschließend rechts ab und gelangen über einen Feldweg wieder zurück zum Ufer.

Croft House Farm Cafe, Buttermere, CA13 9XA, www.crofthousefarmcafe.co.uk, 01 76 87/702 35, tägl. 10:00-17:00

♦ Syke Farm Tea Room, Buttermere, CA13 9XA, 01 76 87/702 77, tägl. 10:30-17:30

Alternativ folgen Sie einfach weiter dem Verlauf des Seeufers.

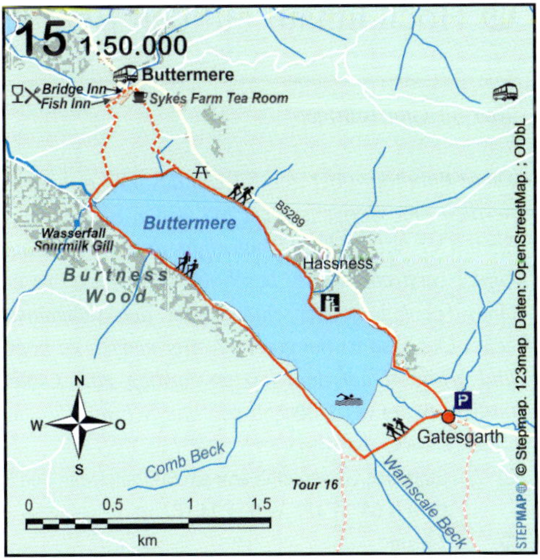

Von Anfang April bis Ende Juni sind die folgenden 400 m des Uferwegs geschlossen, um die hier brütenden Flussuferläufer zu schützen. Nehmen Sie in diesen Monaten den Umweg durch das Dorf Buttermere.

Der Weg macht bald einen Rechtsknick, um die Ostseite des Sees zu umlaufen. Nach kurzer Zeit kommen Sie zu einer herrlich gelegenen Bank mit Blick über den See. Der Pfad verläuft kurzzeitig über felsigen, unebenen Grund und führt bei Hassness durch einen recht engen Felstunnel.

GCHG1T Light at the end of the Tunnel, Schwierigkeit 2, Gelände 1,5, Tradi, Regular

Folgen Sie von hier aus weiter dem Uferverlauf.

Der Blick von dieser Seite des Sees auf die Kiefern am Südufer ist eines der beliebtesten Fotomotive im Lake District.

Bald trifft der Weg auf die Straße B5289, der Sie kurz folgen, bis der Pfad wieder zum Ufer und schließlich zu Ihrem Ausgangspunkt zurückführt.

⑯ Hoch hinauf auf den Berg Hay Stacks

Tour für Gipfelstürmer

Diese Rundtour über den Rücken des 597 m hohen Hay Stacks führt durch eine herrlich raue Berglandschaft mit weiten Blicken auf die umliegenden Gipfel und Seen. Der Autor Alfred Wainwright, dessen Asche auf seinen Wunsch hin auf dem Gipfel verstreut wurde, beschrieb Hay Stacks als einen Ort von der Schönheit eines Feenlandes, der einen selbst den schlimmsten Zahnschmerz vergessen ließe. Der Pfad ist bei gutem Wetter einfach zu begehen, ist aber steil und felsig und erfordert auf dem letzten Anstieg zum Gipfel mehrere einfache Kletterpartien, wo etwas Trittsicherheit und Schwindelfreiheit vonnöten ist.

Start/Ziel: Gatesgarth Farm am Südzipfel vom See Buttermere, GPS N 54°31.427' W 003°14.767'

7,8 km

ca. 4 Std. 30 Min.

807/807 m

106-597 m

Es gibt keine Einkehrmöglichkeiten am Weg, mehrere Pubs und Cafés finden Sie im nahen Dorf Buttermere (☞ Tour 15).

Keine Rastplätze, aber bei schlechtem Wetter kann man gut in der Berghütte Warnscale Head (km 5,3) Unterschlupf finden.

Bei unserer Recherche sahen wir viele Kinder im Grundschulalter, denen die Besteigung von Hay Stacks viel Spaß machte. Trotzdem sollte diese Tour nicht unterschätzt werden.

Leider ist der Weg nicht für Buggys geeignet.

Kleine Hunde brauchen bei den Kletterpartien eventuell Hilfe.

P Kleiner Parkplatz am Startpunkt an der Straße B5289 (£ 4 pro Tag). Weitere Parkmöglichkeiten gibt es im Dorf Buttermere.

Linien 77 und 77A von März bis Ende Okt., ca. stündlich von Keswick aus, halten im nahen Buttermere Village. Fahrer stoppen auf Anfrage auch an der Gatesgarth Farm am Startpunkt.

Vom P Parkplatz an der Gatesgarth Farm überqueren Sie die Straße B5289 zum Hof hin und folgen dem Pfad, der links neben dem roten Postkasten in Rich-

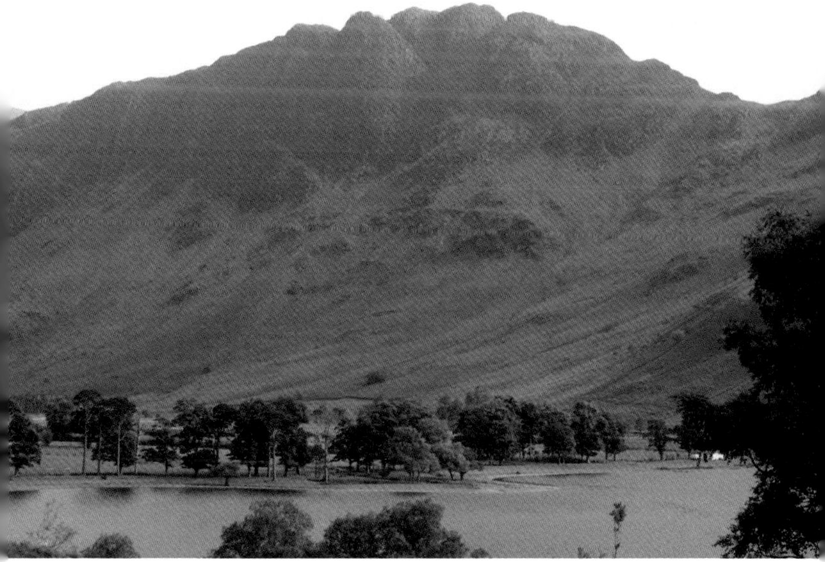

Der Berg Hay Stacks aus der Ferne

tung des Sees Buttermere verläuft. Laufen Sie dann auf dem breiten Weg südlich des Sees und über eine Holzbrücke über den Bach Warnscale Beck hinweg. Von hier aus steigen Sie den Weg hoch, der rechts am Rand eines Nadelwäldchens steil den Berg hinaufführt und dann nach links abdreht.

Hinter den Bäumen folgen Sie dem Weg immer weiter bergauf, bis Sie ca. 1 km nach dem Wäldchen zu einer Kreuzung am Scarth Gap kommen, die durch einen Steinhaufen markiert ist. Hier gehen Sie links die Steintreppen hinauf. Bald wird der Weg sehr felsig und erfordert das Abstützen mit den Händen, bevor Sie die erste Anhöhe erreichen. Folgen Sie dem Pfad an den Steinhaufen vorbei, die den Weg markieren. Nach dem letzten Anstieg erreichen Sie einen Berggrat mit einem Steinhaufen und einer kleinen Säule, die den eigentlichen Gipfel von Hay Stacks markieren, wo Sie erst einmal die Aussicht genießen sollten. Von hier aus folgen Sie dem Pfad, der zum herrlich gelegenen See Innominate Tarn (wörtl.: der namenlose See) herunterführt.

GCNQQD Innominate Tarn, Schwierigkeit 3, Gelände 4, Tradi, Small

Alfred Wainwright

Ob in Ihrem B&B oder im Touristenbüro, früher oder später werden Sie sicherlich auf die kleinen Wanderführer des Autors Alfred Wainwright stoßen: Seine Bücher sind Kultlektüre für alle Lakes-Liebhaber. Wainwright verbrachte jedes Wochenende damit, alle Berge des Lake Districts zu besteigen, um dann unter der Woche bis spät in die Nacht an seinen Büchern zu arbeiten. Sieben Bände kamen am Ende dabei heraus, die sich mittlerweile millionenfach verkauft haben und den Begriff „Doing the Wainwrights" geprägt haben – ein Ausdruck für den Versuch, alle 214 dieser Bergtouren abzuhaken. Hay Stacks war einer von Wainwrights Lieblingsorten, und so wurde nach seinem Tod 1991 seine Asche am Innominate Tarn verstreut. „Und wenn Ihnen, lieber Leser", heißt es in einem Buch, „beim Überqueren von Hay Stacks ein paar Steinchen in die Stiefel geraten, dann behandeln Sie sie bitte mit Respekt. Es könnte sich um mich handeln."

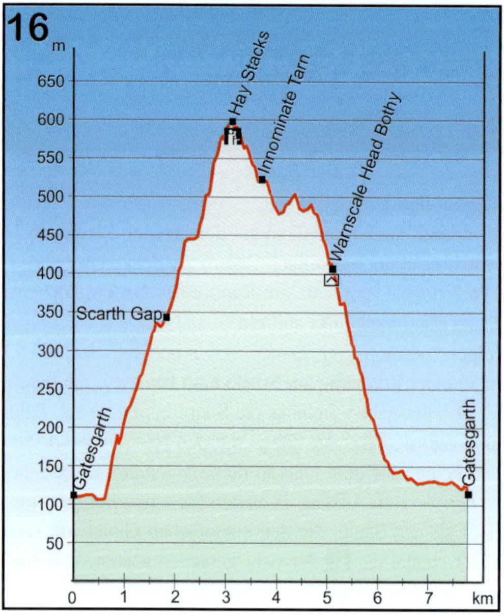

Gehen Sie links an dem See vorbei und folgen Sie dem Weg leicht bergab. Zu Ihrer Linken eröffnen sich bald atemberaubende Blicke über Buttermere und den dahinterliegenden See Crummock Water. Rechts liegt ein weiterer Bergsee, der Blackbeck Tarn. Der Pfad steigt nun zum letzten Mal an, um den Fels Green Crag zu umrunden, und führt dann über eine moorige Hochebene. Wenn Sie ca. 1,8 km hinter dem Gipfel von Hay Stacks im gegenüberliegenden Tal einen Steinbruch sehen, dreht der Hauptweg nach rechts ab. Ihre Route führt nun aber links in nördlicher Rich-

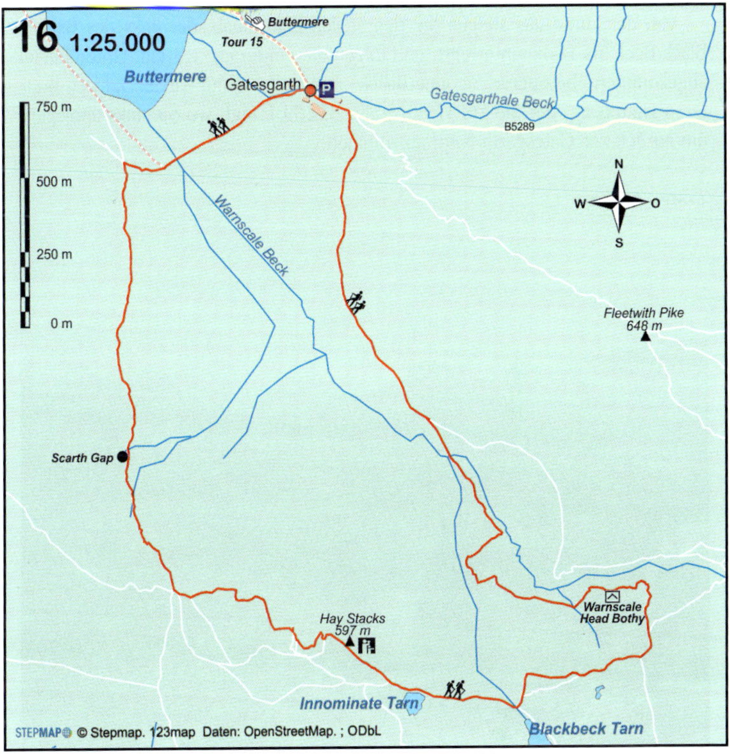

tung steil über einen kleinen Pfad den Berg hinunter, genau auf den Steinbruch zu. Halten Sie sich links, bis Sie eine versteckte Berghütte erreichen.

Warnscale Head Bothy (☞ Seite 11) ist eine von drei einsam gelegenen Berghütten im Lake District. In dem rustikalen Häuschen aus Schiefer, welches ursprünglich für die Arbeiter im nahe gelegenen Steinbruch gebaut wurde, finden sich ein Kamin, drei Liegeplätze und dürftige Notvorräte. Brennholz muss selbst mitgebracht werden. Abenteuerlustige können hier kostenlos eine Nacht verbringen. Besonders bei Sonnenauf- und untergang hat man von der Hütte einen grandiosen Blick auf den See Buttermere.

www.warnscalehead.wordpress.com

Von der Hütte aus steigen Sie den steilen Pfad hinab, der links des Baches Black Beck ins Tal hinunterführt, und folgen diesem für ca. 1,3 km. Unten im Tal angekommen überqueren Sie eine Brücke und treffen dann wieder auf den breiteren Hauptweg, der Sie zur Hauptstraße B5289 bringt, wo Sie links abbiegen, um zurück zur Gatesgarth Farm zu kommen.

Erster Abstieg

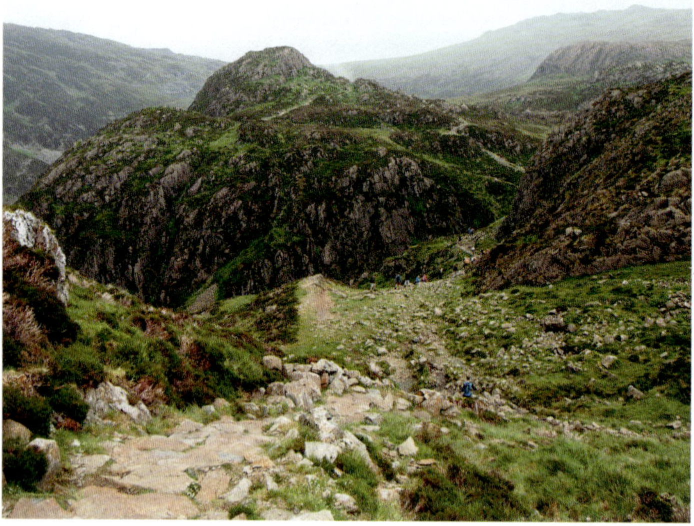

Der Westen

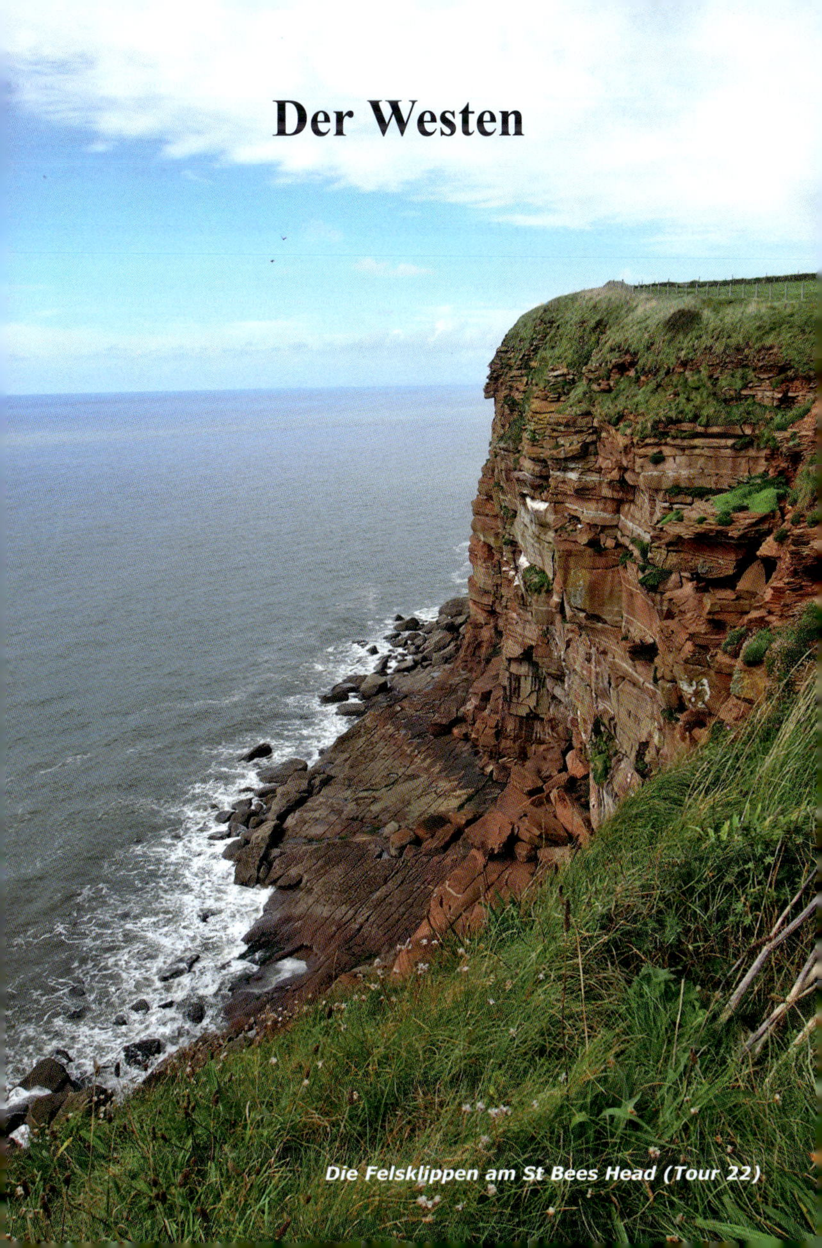

Die Felsklippen am St Bees Head (Tour 22)

17 Durch das Duddon Valley

Tour für Liebhaber von wildromantischen Ruinen

Am Südwestzipfel des Lake Districts schlängelt sich der Fluss Duddon durch das idyllische, einsame Duddon Valley, das auch als Dunnerdale bekannt ist. Dem Dichter William Wordsworth gefiel dieses Fleckchen Erde so gut, dass er gleich 36 Sonnette verfasste, die die Schönheit des Duddon Valley preisen. Dieser Rundweg führt erst durch den Rainsbarrow-Wald, um dann hoch zu der einsam gelegenen Ruine von Frith Hall zu führen, von wo aus es durch den Wald Forge Wood wieder zurückgeht.

- Start/Ziel: Ulpha Bridge, GPS N 54°19.571' W 003°14.181'
- 9,9 km
- ca. 3 Std.
- 633 m/633 m
- 36-198 m
- Es gibt keine Einkehrmöglichkeiten am Weg, aber im Post Office (km 0,4) kann man Eis und Süßigkeiten kaufen.
- keine Rastplätze am Weg
- Bademöglichkeit am Fluss Duddon (km 0)
- gut für Kinder machbar
- für Buggys leider nicht geeignet
- Der Weg führt wiederholt über Schafwiesen und kleine Autostraßen, aber meist können Hunde frei laufen.
- Gegenüber der Ulpha-Brücke gibt es am Straßenrand sehr viele kostenlose Parkmöglichkeiten.
- Leider verkehren im Duddon-Tal keine öffentlichen Verkehrsmittel.

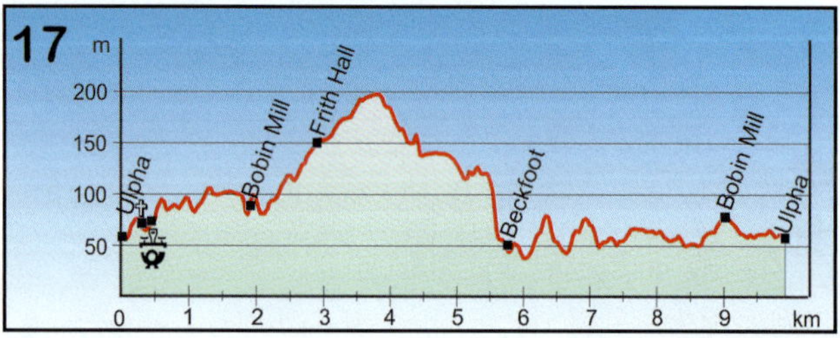

Der Weg beginnt an der Ulpha-Brücke über den Fluss Duddon, dessen grüne Hänge hier einen idealen Picknickplatz hergeben. Im Sommer springen wagemutige Jugendliche gern in das tiefe Becken unter der Brücke, das auch gut zum Schwimmen geeignet ist. Gehen Sie von der Brücke aus die Straße in Richtung Nordosten hoch. Auf der rechten Seite liegt die ✝ Kirche St John the Baptist.

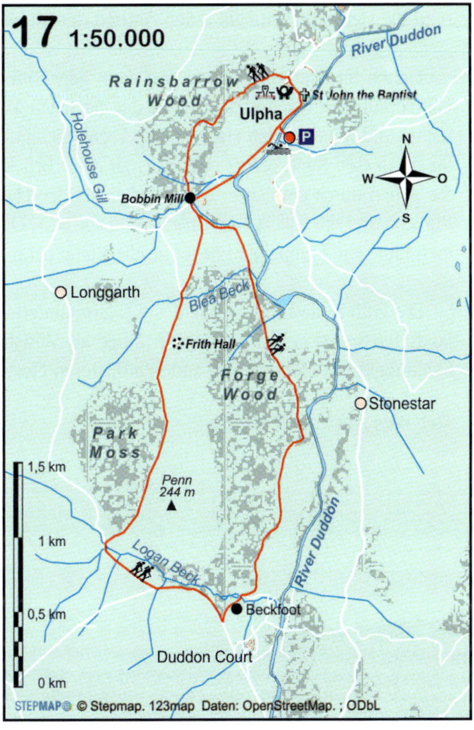

✝ St John the Baptist, Ulpha, LA20 6DT, tägl. 9:30-18:00. Die weiß getünchte Kirche mit dem für den Lake District so typischen einfachen Schiff und niedrigem Schieferdach steht bereits seit mindestens 1577 an diesem Ort.

Kurz hinter der Kirche erreichen Sie bald die urige Post, in der auch ein netter Laden und eine kleine Touristeninformation untergebracht sind.

Ulpha Post Office, Ulpha, LA20 6DX, www.ulphavillagestores.co.uk, tägl. 9:00-13:00 und 14:00-17:00, Dienstag Ruhetag

Sofort hinter der Post führt ein Pfad links durch ein Gatter, dem Sie den Hang hinauf folgen. Sie gehen links durch zwei weitere Gatter und gelangen dann in den Wald Rainsbarrow Wood. Folgen Sie dem breiten Pfad für ca. 1,4 km, bis Sie durch ein Gatter wieder auf die Hauptstraße von Ulpha gelangen.

Zu Ihrer Rechten sehen Sie eine alte „Bobbin Mill" aus dem 18. Jahrhundert, wo früher Holzspulen für die Baumwollindustrie in Städten wie Manchester und Liverpool hergestellt wurden. Der Lake District war perfekt für die Spulenindustrie geeignet, da die waldigen Täler genug Holz für die Herstellung hergaben, während die vielen kleinen Flüsse den Antrieb der Mühlen begünstigten.

Gehen Sie hier kurz rechts und dann gegenüber der Mühle links durch ein Gatter auf einen Schotterweg. An der nächsten Weggabelung halten Sie sich rechts und wandern den Hang hinauf. Wenn Sie ein Waldgebiet erreichen, laufen Sie an dessen Rand rechts weiter bis zu einer Brücke über den Bach Blea Beck. Sie gehen durch ein Gatter und dann rechts den Hang hoch. Bald sehen Sie die Ruinen von Frith Hall auf der linken Seite vor sich. Oben auf dem Hang angekommen führt ein Trampelpfad näher an die Ruine heran.

Die Frith Hall wurde Anfang des 17. Jahrhunderts von den Lords of Millom als Jagdschlösschen gebaut und später lange als Wirtshaus benutzt. Besonders bei Schmugglern, Wilderern und anderen düsteren Gestalten soll das Gasthaus dank

Der Weg hoch zur Frith Hall

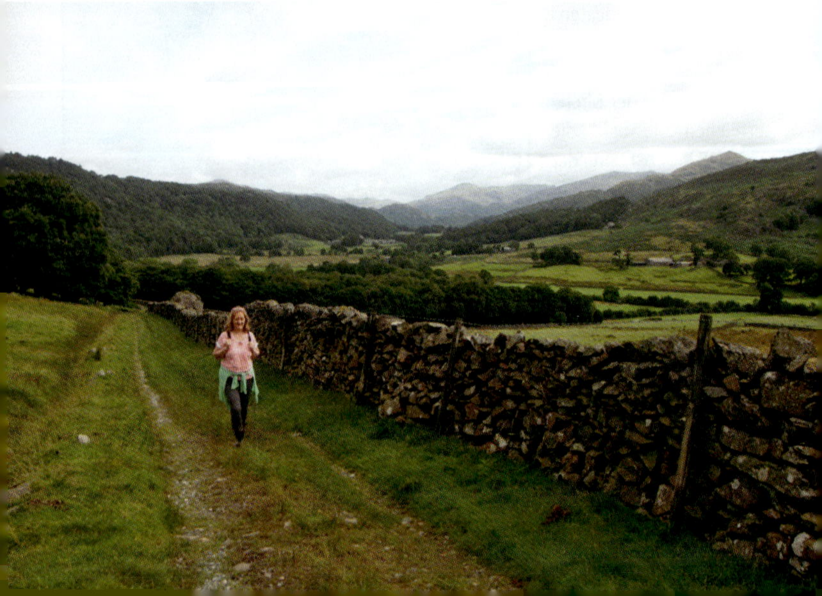

seiner einsamen Lage sehr beliebt gewesen sein. Und so hat die Frith Hall natürlich auch ihr eigenes Gespenst: Ein gewisser William Marshall, der hier 1736 starb, soll des Nachts in den Ruinen umgehen.

Die Frith Hall

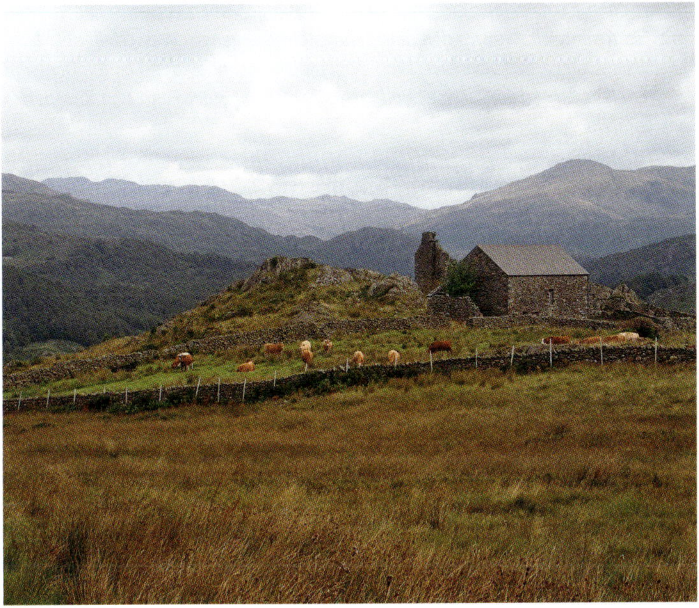

Der eigentliche Weg aber verläuft durch ein Gatter geradeaus weiter auf den Wald Forge Wood zu. Der Weg steigt bald an und führt rechts an dem Hügel Penn vorbei, um dann zu einer kleinen Straße abzufallen, wo Sie sich links halten. Nach ca. 400 m stößt das Sträßchen auf eine weitere Straße, wo Sie links den Berg hinablaufen. Nach ca. 630 m geht links ein Schotterweg ab, der nach Beckfoot ausgeschildert ist. Diesem folgen Sie an einigen Häusern vorbei und über eine Brücke. Von hier aus führt der Weg über einen breiten Pfad durch den Wald. Wenn Sie den Fluss Duddon rechts von sich sprudeln hören, erreichen Sie bald wieder die Straße von Ulpha. Hier gehen Sie rechts bergab, um nach ca. 500 m wieder zurück zu Ihrem Ausgangspunkt zu gelangen.

18 Im Tal Eskdale

Tour für Familien und Naturfreunde

Auf dieser leichten Rundwanderung entdecken Sie gleich mehrere Highlights des malerischen Eskdale-Tals: die urige Doctor's Bridge, einen verwunschenen Wald mit Seerosenteich, sowie den am schönsten gelegenen Wasserfall des Lake Districts, Dalegarth Falls. Der Weg beginnt am Bahnhof der Dampfeisenbahn „Ravenglass & Eskdale Railway" und lässt sich gut mit einer Fahrt von Ravenglass aus kombinieren.

Start/Ziel: Dalegarth Station bei Boot, GPS N 54°23.718' W 003°16.493'

7,5 km

ca. 2 Std. 30 Min.

685 m/685 m

48-148 m

Fellbites Eatery (km 0 bzw 7,5), Brook House Inn (km 0,3)

Am Bahnhof (km 0 bzw. 7,5) gibt es mehrere Picknicktische.

Schöner Spielplatz und Eiscafé am Bahnhof Dalegarth (km 0 bzw. 7,5). Der Abstecher zum Wasserfall ist steil und glitschig und für kleine Kinder ungeeignet.

Der Abstecher zum Wasserfall ist für Buggys leider ungeeignet.

Hunde dürfen auf der Ravenglass & Eskdale Railway für £ 1,50 mitfahren.

Parkmöglichkeit am Start/Ziel

Leider verkehren im Tal Eskdale keine Busse.

Ravenglass & Eskdale Railway von Ravenglass aus etwa stündlich von Feb. bis Dez., www.ravenglass-railway.co.uk, Tagesticket Erw. £ 13,20, Kind £ 6,60. Die Fahrt dauert ca. 40 Min.

Ravenglass & Eskdale Railway

Die von den Einheimischen liebevoll „La'al Ratty" (Kleine Ratte) genannte Bahn wurde 1875 als erste öffentliche Schmalspurbahn Großbritanniens eröffnet, um Eisenerz und Granit von den Gruben bei Boot in das 11,3 km entfernte Ravenglass zu transportieren.

Als der Bergbau 1953 eingestellt wurde, sollte auch der Betrieb der Eisenbahn gestoppt werden, doch mehrere Enthusiasten taten sich zusammen, um die Liliputbahn zu retten. Ab 1960 verkehrten die Dampflokomotiven wieder, von nun an als Museumseisenbahn. Die Ratty hat sowohl offene als auch geschlossene

Wagen, die im Winter beheizt sind, und in Dalegarth kann man zuschauen, wie die Bahn per handbedienter Scheibe in die entgegengesetzte Richtung gedreht wird, bevor sie ihre Rückreise nach Ravenglass antritt.

Die Ravenglass und Eskdale Railway

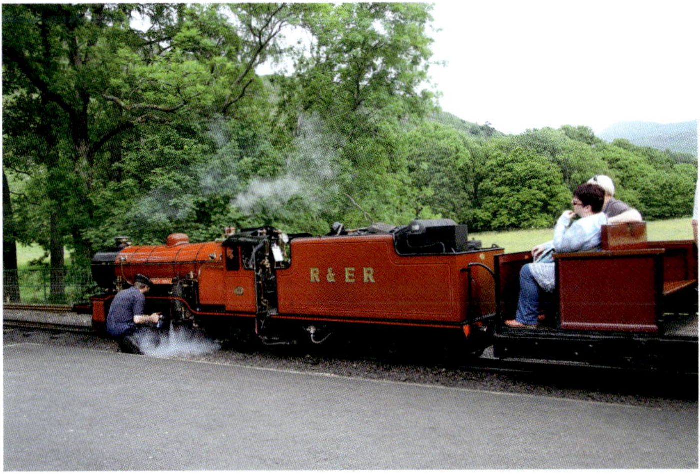

Vom Bahnhof der Eskdale-&-Ravenglass-Bahn gehen Sie links die Straße in nordöstlicher Richtung entlang. Nach ca. 300 m erreichen Sie das Brook House Inn.

Brook House Inn, Boot, Eskdale, CA19 1TG, www.brookhouseinn.co.uk, tägl. 11:30-23:00, warme Küche 12:00-21:00, Hunde willkommen

Hier biegen Sie rechts in die Straße ab, die zur St Catherine's Church ausgeschildert ist. Kurz hinter der Kirche laufen Sie nach links. Ignorieren Sie den Weg, der bald rechts über eine Brücke auf das rechte Flussufer führt, und gehen Sie weiter geradeaus. Bald zweigt ein Pfad links ab, der nach Doctor's Bridge ausgeschildert ist. Sie folgen diesem für ca. 1,8 km bis zu der alten Steinbrücke über den Fluss Esk, nach dem das Tal benannt ist.

GC1PR71 Doctor Bridge View, Schwierigkeit 2, Gelände 2, Tradi, Small

☺ Die Doctor's Bridge ist perfekt geeignet für eine Partie Poohsticks. Das Stöckchenspiel ist eines der Lieblingsbeschäftigungen von Pu dem Bären (Winnie-the-Pooh) in dem gleichnamigen Kinderbuch. Jeder Teilnehmer wirft ein Stöckchen in den Fluss und derjenige, dessen Stock zuerst auf der anderen Brückenseite erscheint, ist der Gewinner. Die Engländer nehmen die Poohsticks sehr ernst: In Oxfordshire finden jedes Jahr die Poohsticksweltmeisterschaften statt, an denen Spieler aus der ganzen Welt teilnehmen.

Hinter der Brücke laufen Sie rechts auf das Haus Low Birker zu. Vom Haus aus verläuft der Weg rechts in ein Waldgebiet hinein. Halten Sie zu Ihrer Linken Ausschau nach einem Teich, auf dem im Sommer etliche Seerosen blühen. Ca. 1,3 km, nachdem Sie Low Birker passiert haben, gelangen Sie zu einer Gabelung, an der ein Weg rechts herunter ins Tal führt, der nach „Gill Force" ausgeschildert ist. Folgen Sie diesem herunter zum Flüsschen Esk zurück und gehen Sie dann links. Trittstufen führen über den Fluss zurück zur ✝ St Catherine's Church, aber Sie laufen weiter am Flussufer entlang. Wenn Sie eine Steinmauer erreichen, haben Sie die Möglichkeit, noch zum Dalegarth-Force-Wasserfall (auch als „Stanley Ghyll" bekannt) zu wandern. In diesem Fall gehen Sie hier links. Der Weg führt

Die Doctor's Bridge

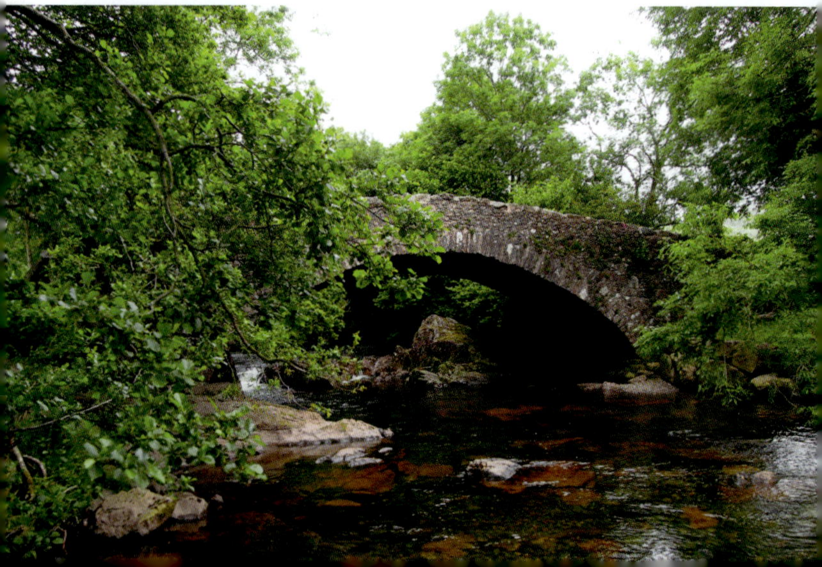

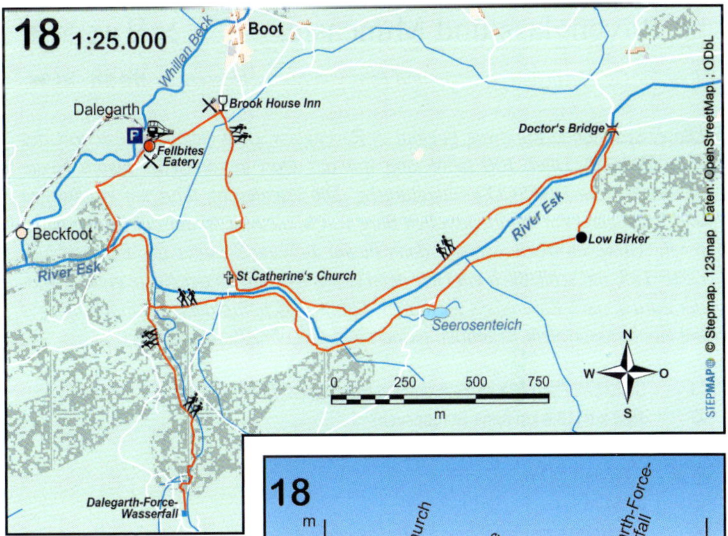

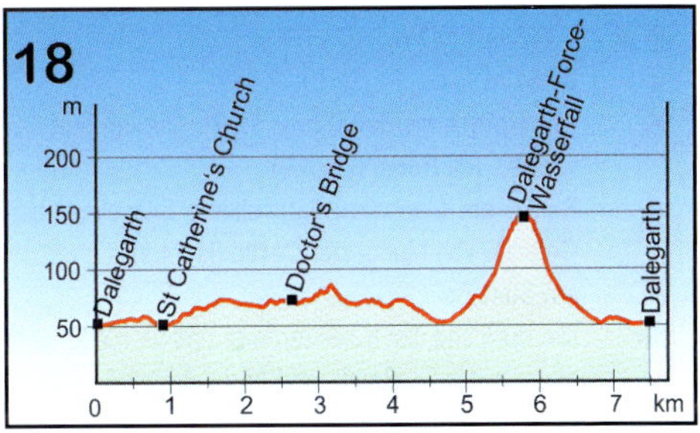

bald sehr steil auf glitschigen Stufen durch eine enge, dicht mit Farnen und Moosen bewachsene Schlucht, die schon fast tropisch anmutet.

Hier ist bei Regen Vorsicht geboten! Für den steilen Anstieg werden Sie mit dem Anblick eines der schönsten Wasserfälle des Lake Districts belohnt.

Gehen Sie anschließend zum Ausgangspunkt zurück und folgen Sie dann dem breiten Weg, der nach „Dalegarth Station" ausgeschildert ist, in nördlicher Richtung. Der Weg bringt Sie zurück zur Hauptstraße, wo Sie nach rechts gehen, um wieder am Bahnhof mit Bistro anzukommen.

Fellbites Eatery, Dalegarth, CA19 1TF, ☏ 012 29/71 71 71,
www.ravenglass-railway.co.uk/cafes, im Sommer tägl. 10:00-19:00,
im Winter 11:00-16:30, Hunde sind im Erdgeschoss willkommen

19 Ravenglass und Muncaster

Tour für Geschichtsinteressierte und Fans von Spukschlössern

Dieser spannende Rundweg beginnt in Ravenglass, dem einzigen Küstenort des Lake Districts. Über 300 Jahre lang war das Dorf in römischer Hand. Heute gehört es zum UNESCO-Weltkulturerbe. Die Wanderung führt auf Waldwegen von Ravenglass zur eindrucksvollen Burg von Muncaster, in der etliche Gespenster ihr Unwesen treiben sollen, dann hinauf auf eine Schulter des Berges Muncaster Fell, um schließlich am Ufer des Flusses Esk und an der Küste entlang wieder zurück nach Ravenglass zu führen. Einige Abschnitte dieser Wanderung sind bei Hochwasser nicht begehbar, jedoch gibt es gute Alternativrouten.

- Start/Ziel: Parkplatz im Zentrum von Ravenglass, GPS N 54°21.306' W 003°24.551'
- 15,2 km (13,8 km ohne Burgbesuch)
- ca. 4 Std.
- 1.143 m/1.143 m
- 0-181 m
- The Ratty Arms (km 0 bzw. 15,2), The Inn (km 0,2), Creeping Kate's Café und Owl Garden Tea Room (km 4,9)
- Bänke am Meer (km 0,2), etliche Sitzgelegenheiten und Picknickbänke auf dem Gelände von Muncaster Castle (km 4,9)
- WC am Start/Ziel
- Die Burg und das Eulenzentrum sind für Kinder sehr spannend, auch finden sich dort ein schöner Spielplatz und Abenteuerpfad. Auf km 9,6 geht es 200 m lang entlang einer Straße ohne Bürgersteig, wo Vorsicht geboten ist.
- Der Weg ist nicht für Buggys geeignet, alternativ können Sie aber am Muncaster Castle parken und über die gut befestigten Wege im dortigen Park laufen.
- Die meisten Strecken dieser Wanderung sind perfekt für Hunde geeignet, in die Burg und das Eulenzentrum dürfen sie allerdings nicht mit hinein.
- P Kostenpflichtiger Parkplatz im Zentrum von Ravenglass (£ 3 für 4 Std.); alternativ können Sie kostenlos an der Burg parken.
- Der einzige Bus nach Ravenglass wurde leider 2015 eingestellt.
- Vom Bahnhof Ravenglass fahren Züge Mo-Sa ca. stündlich in Richtung Whitehaven und Barrow-in-Furness, von wo aus es Verbindungen in das restliche Land gibt. Die Schmalspureisenbahn Ravenglass & Eskdale verkehrt stündlich zwischen Ravenglass und Eskdale. www.ravenglass-railway.co.uk, Tagesticket Erw. £ 13,20, Kind £ 6,60

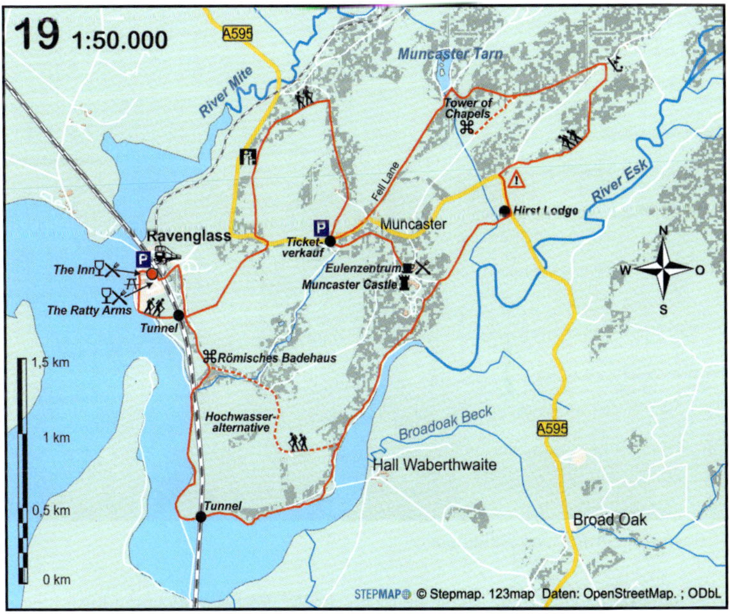

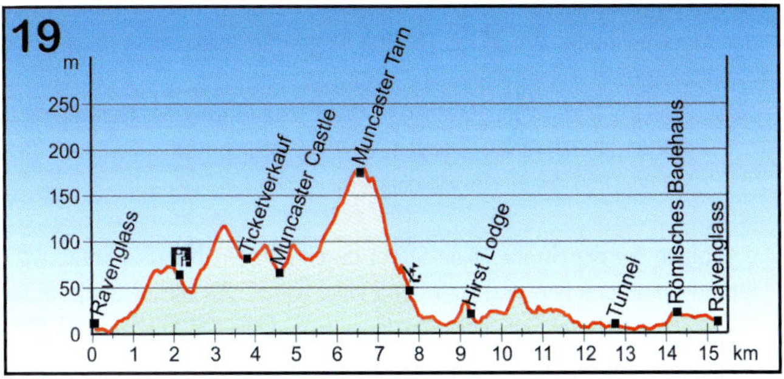

Vor Ihrer Wanderung sollten Sie einen Blick auf den Tidenkalendar werfen, um zu sehen, ob Sie entlang des Uferweges laufen können.

www.tidetimes.org.uk

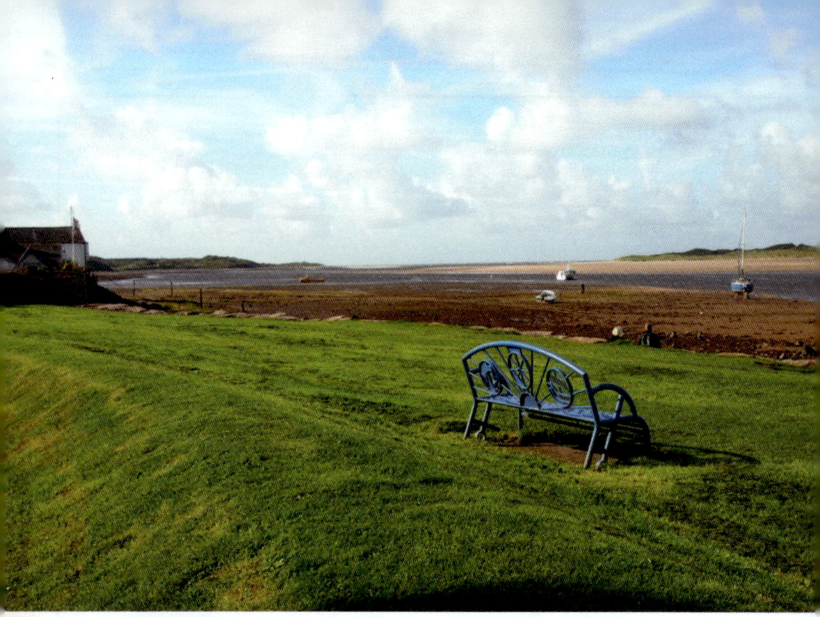

Bank am Strand von Ravenglass

Vom P Parkplatz aus laufen Sie rechts am WC vorbei in Richtung Küste. Sie stoßen bald auf die Hauptstraße, wo sich ein paar schöne Bänke mit Blick auf das Meer befinden. Am The Inn biegen Sie links ab.

The Inn, Main Street, Ravenglass, CA18 1SQ, www.theinnatravenglass.co.uk, 01 22 97/172 30, tägl. 12:00-23:00, warme Küche Mo-Sa 12:00-15:00 und 17:00-21:30, Hunde willkommen

Folgen Sie der Straße Main Street durch den Ort bis zum Ende, wo Sie zum Strand hinuntergehen und sich dann links halten. An dieser Stelle münden drei Flüsse in die Irische See: links der Fluss Esk, dann der Mite und im Norden der Fluss Irt.

Bei sehr hohem Hochwasser ist der Strandabschnitt nicht begehbar. In diesem Fall laufen Sie stattdessen vom P Parkplatz aus links und überqueren die Fußgängerbrücke über die Bahnlinie. Anschließend gehen Sie rechts über ein Feld und dann über einen Weg bis zur nächsten Kreuzung, wo Sie links abbiegen.

Nach 120 m geht links ein Weg ab, dem Sie an einem Wasserwerk vorbei und durch ein Gatter zu einer Bahnbrücke folgen. Gehen Sie hier durch einen Tunnel und folgen Sie dem Weg bis zu einer Autostraße, die Sie überqueren.

Laufen Sie geradeaus weiter und dann durch ein Gatter auf ein Feld, von wo aus Sie mit dem Zaun zu Ihrer Linken geradeaus weitergehen, bis Sie zwei weitere Gatter erreichen. Hier halten Sie sich schräg links und laufen an einem alten Wegweiser aus Stein vorbei. Der Weg steigt nun leicht an und führt unter einer Oberlandleitung weiter in einen Wald hinein. Sie durchqueren das Waldgebiet entlang eines Baches und erreichen nach ca. 250 m eine Hauptstraße, wo Sie links abbiegen. Nach 120 m überqueren Sie die Straße vorsichtig und gehen durch ein Gatter nach rechts. Der Weg steigt nun parallel zu einem Zaun und Ginsterbüschen an. Wenn er sich gabelt, laufen Sie links am Zaun weiter.

Bei der nächsten Weggabelung bleiben Sie auf dem linken Grasweg, der bald durch ein Gatter in eine parkähnliche Landschaft führt. Zu Ihrer Linken öffnen sich schöne Blicke über den Fluss Mite bis hin zum Meer. Unten im Tal gelangen Sie durch ein Gatter in ein weiteres Waldgebiet. Wenn der Weg sich nach ca. 800 m gabelt, wählen Sie den rechten Weg, der den Hang hinaufführt. Am Ende des Waldes kommen Sie zu einer Kreuzung, wo Sie nun geradeaus gehen und auf die Straße zuhalten. Bald erreichen Sie den zum ⌘ Muncaster Castle gehörenden P Parkplatz, wo Sie nun entweder die Straße überqueren, um zur Burg zu gelangen, oder links auf dem Bürgersteig weiterlaufen.

☺ Trotz des recht hohen Eintrittspreises ist ein Besuch des Muncaster Castles wirklich empfehlenswert. Auf dem Burggelände gibt es so viel zu sehen, dass man hier problemlos mehrere Stunden verbringen kann. Vom Kartenverkaufshäuschen an der Straße sind es ca. 800 m bis zur Burg.

Muncaster Castle

Der älteste Teil des Muncaster Castle wurde im 13. Jahrhundert auf den Überresten eines römischen Forts aus dem Jahr 79 n. Chr. gebaut. Seit über 800 Jahren ist die Burg im Besitz der Familie Pennington, die noch heute hier wohnt und oft die Besucher herzlich begrüßt. Berühmt ist die Burg vor allem aus einem Grund: In dem alten Gemäuer sollen etliche Geister umgehen. Das berüchtigste Gespenst soll ein gewisser ehemaliger Hofnarr namens Tom Fool sein, der den englischen Ausdruck „tomfoolery" (Klamauk) geprägt hat. Er soll schon zu Lebzeiten verirrte Wanderer in den Tod geschickt haben, indem er sie in den gefährlichen Treibsand an der Küste schickte. Mehrmals im Jahr können mutige

Besucher für £ 100 an einer Nachtwache in dem „Tapestry Room" teilnehmen, in dem neben Tom Fool noch alle möglichen anderen Seelen herumgeistern sollen. Neben der Burg sind auch die schönen Gärten zu besichtigen, ein Eulen- und Greifvogelzentrum, ein Abenteuerpfad und Irrgarten für Kinder, eine Kirche aus dem 16. Jahrhundert sowie ein Café und Geschenkeladen. Von der Terrasse vor der Burg haben Sie einen wunderbaren Blick auf die gegenüberliegenden Berge.

⌘ Muncaster Castle, Ravenglass, CA18 1RQ, ☏ 01 22/971 76 14, www.muncaster.co.uk, Gärten und Eulenzentrum tägl. außer Sa (an manchen Samstagen während der Schulferien geöffnet, bitte Website checken) Ende März-Ende Okt. 10:30-17:00, Nov.-März 11:00-16:00, Burg jeweils 12:00-16:00, Erw. £ 13,50 für Burg, Gärten und Eulenzentrum oder £ 10,50 für Gärten und Eulenzentrum, Kinder £ 6,75 bzw. £ 5,25, unter 5 Jahren kostenlos

Die Burg Muncaster Castle

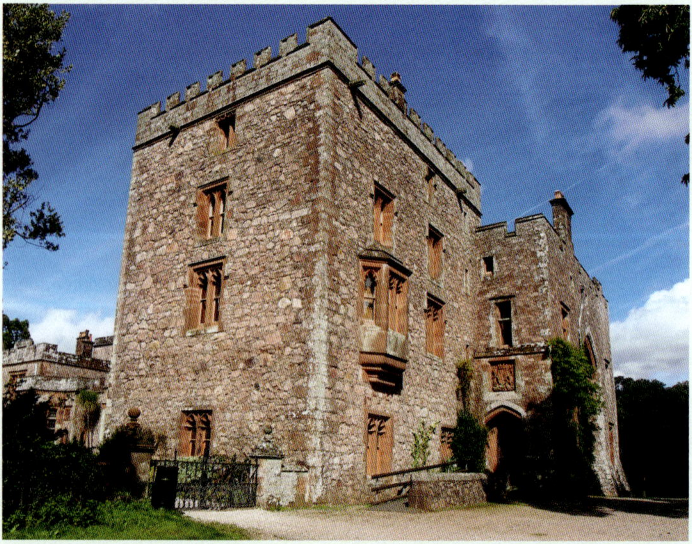

Creeping Kate's Café, tägl. ca. 10:30-16:00 (im Winter 10:30-15:00), leckere Hauptmahlzeiten sowie Kuchen

Owl Garden Tea Room, tägl. 10:30-17:00, im Winter 11:00-16:00, Hunde willkommen

☺ Wenn möglich, sollten Sie versuchen, zur Eulenvorstellung um 11:30 an der Burg zu sein. Die halbstündige Vorführung ist sehr informativ und unterhaltsam. Um jeweils 14:00 gibt es außerdem eine spannende Greifvogelvorführung.

Kanincheneule im Eulenzentrum der Burg

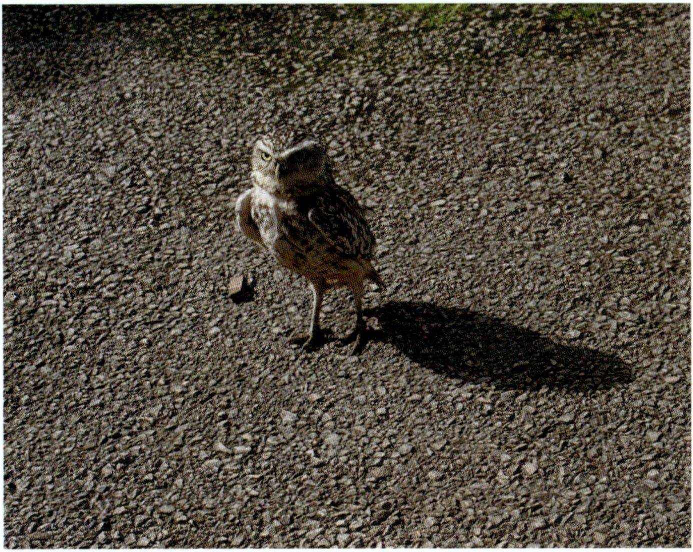

Vom Eingang des Muncaster Castles laufen Sie die Straße A595 200 m in Richtung Osten. Nun gehen links zwei Wege ab, von denen Sie den rechten wählen, der nach „Muncaster Fell" und „Fell Lane" ausgeschildert ist und einen Berg hinaufführt. Das Sträßchen steigt immer weiter an, bis Sie nach ca. 1 km zu Ihrer Linken einen See erblicken, den Muncaster Tarn. Hier biegen Sie nun rechts auf den als „Eskdale Trail" ausgeschilderten Weg ab. Folgen Sie diesem durch einen Wald den Berg herab.

Nach ca. 350 m geht rechts ein Weg ab. Hier steht unterhalb eines Hofes der sogenannte Tower of Chapels. Der Turm, 1783 von dem damaligen Lord of Muncaster gebaut, soll der Legende nach den Ort markieren, wo König Heinrich der VI. im Jahr 1461 nach einer Schlacht im Zuge der Rosenkriege von

Schafhirten aufgefunden wurde. Heinrich VI., selbst dem Hause Lancaster zugehörig, soll im nahen Irton Hall Zuflucht gesucht haben, doch die Besitzer waren Anhänger des Hauses York und verwehrten ihm den Eintritt. Heinrich VI. floh weiter zur Muncaster Hall, wo Sir John Pennington ihn sehr viel herzlicher aufnahm. Als Dank schenkte der König der Familie ein Trinkglas und sprach den Eid aus, dass die Familie glücklich und erfolgreich sein möge, solange das Glas nicht zerbreche. Das Glas ist noch immer im Besitz der Penningtons und wird in einem Tresor in der Burg verwahrt.

Folgen Sie dem Weg den Berg hinab bis zu einem Sträßchen, in das Sie links einbiegen. Nach ca. 120 m geht ein mit einem blauen Pfeil markierter Weg ab. Diesem folgen Sie schräg rechts über einen Golfplatz. An den Pinien angelangt verläuft der Weg parallel zum Waldrand und dann in das Waldgebiet hinein. Folgen Sie dem Weg bis zu einem Gatter, wo Sie jetzt rechts auf einen Schotterweg abbiegen, der wieder am Waldrand entlangführt. Sie stoßen bald auf eine Kreuzung, wo Sie links bis zur Hauptstraße gehen. ✋ Die recht viel befahrene Straße hat keinen Bürgersteig, sodass hier Vorsicht geboten ist.

Biegen Sie links ab auf die Straße und laufen Sie 200 m an ihr entlang bis zum Haus Hirst Lodge auf der rechten Seite. Sie gehen nun links über den Schotterweg am Haus vorbei und gelangen durch ein Gatter in eine parkähnliche Landschaft. 500 m weiter führt ein weiteres Gatter in ein Waldgebiet hinein. Ignorieren Sie hier die Wege, die immer wieder rechts zur Burg hinaufführen. Nach weiteren 500 m sehen Sie links den Fluss Esk, zu dem Sie nun parallel laufen. Bald gelangen Sie zu einem Holzschild, wo der Cumbria Coastal Path nach links abzweigt und die Hochwasseralternative weiter geradeaus verläuft. Der Uferweg ist zwei Stunden vor und nach dem Hochwasser nicht begehbar. Im Zweifelsfall sollten Sie dem Uferweg einige Schritte nach links folgen, wo ein Schild mit dem Tidenkalendar angebracht ist.

✋ Auch bei Ebbe ist der Uferweg teilweise sehr feucht. Wenn Sie keine festen Schuhe anhaben, sollten Sie lieber die Alternativroute wählen.

↳ Bei Hochwasser gehen Sie hier geradeaus, bis Sie rechts ein Gatter erreichen, das auf ein Feld führt. Sie steigen in Richtung einer einzelnen hohen Pinie den Hügel hinauf und laufen rechts des Baumes durch ein Gatter in einer Mauer. Nach wenigen Metern führt ein Pfad links durch den Ginster, von wo aus Sie eine schöne Aussicht auf die Mündung und das Eisenbahnviadukt über das Wasser haben. Halten Sie die Richtung bei, bis Sie das Newtown House erreichen. Hier folgen Sie der Einfahrt bis zu einer Kreuzung, an der Sie rechts gehen, um wieder auf den Küstenweg zu treffen.

Folgen Sie dem Pfad nach links zu einem Gatter und dann dem Pfad, der rechts parallel zu der Steinmauer verläuft. Er führt teilweise durch dichtes Schilf, dann wieder über Salzwiesen. Nach ca. 1 km geht es durch einen Tunnel unter einer Bahnbrücke durch. Von dort aus wird der Weg deutlich besser begehbar und trockener. Wenn Sie Ravenglass wieder vor sich sehen, geht bald rechts eine große Rampe vom Strand ab, die zu einer Bahnunterführung führt. Hinter dieser Unterführung halten Sie sich links. Auf der Wiese zu Ihrer Linken befand sich früher das römische Fort Glannoventa, von dem heute leider nichts mehr zu sehen ist. Gut erhalten sind aber die Mauern des antiken Badehauses, welches Sie bald auf der rechten Seite sehen.

Das römische Lager Glannoventa wurde wahrscheinlich während der Zeit Kaiser Hadrians (117-138 n. Chr.) gegründet, obwohl Funde auf ein noch älteres Fort aus dem 1. Jahrhundert hinweisen. Das Badehaus ist mit seinen fast 4 m hohen Wänden eines der höchsten noch erhaltenen römischen Gebäude in Nordengland. Für die römischen Soldaten, die nicht an das nordenglische Klima gewohnt waren, dürfte das beheizte Badehaus ein sehr willkommener Treffpunkt gewesen sein.

⌘ Roman Bath House, Ravenglass CA18 1SR,
💻 www.english-heritage.org.uk/visit/places/ravenglass-roman-bath-house,
🚪 immer zugänglich

🌐 GCQRFA Glannoventa, Schwierigkeit 1, Gelände 1,5, Tradi, Small

Folgen Sie dem Sträßchen kurz weiter und laufen Sie dann rechts entlang des Fußwegs, der parallel zur Straße verläuft, bis Sie zu einem Haus gelangen. Hier folgen Sie dem nach Ravenglass markierten Weg nach links, gehen über eine Eisenbahnbrücke und erreichen wieder den P Parkplatz, wo Sie sich im ✕ 🍷 Ratty Arms stärken können.

✕ 🍷 The Ratty Arms, Croftlands Drive, Ravenglass, CA18 1SJ, ☏ 01 22 97/176 76,
💻 https://ravenglass-railway.co.uk/plan-visit/things-to-do/cafes/,
🚪 Mo-Sa 11:30-24:00, So 12:00-23:00, warme Küche tägl. 12:00-21:00

20 Wasdale

Tour für Naturfans

Der einsam gelegene See Wastwater ist ein magischer Ort und ohne Frage einer der Höhepunkte des Lake Districts: Auf seiner Nordseite ragen die höchsten Gipfel Englands in den Himmel, während am Ostufer riesige Geröllhalden steil zum Wasser abfallen. Dieser einfache Rundweg führt entlang des teilweise bewaldeten Westufers, von wo aus sich immer wieder atemberaubende Blicke über den See auftun, und dann durch Wälder und Weiden zurück in das schöne Dörfchen Nether Wasdale.

- Start/Ziel: Nether Wasdale, GPS N 54°25.457' W 003°21.112'
- 7,6 km
- ca. 2 Std.
- 452 m/452 m
- 54-100 m
- Strands Inn, Screes Inn (km 0 bzw. 7,9), Wasdale Hall YHA (km 4)
- Vor der Wasdale Hall (km 4) finden Sie mehrere Picknickplätze.
- Bademöglichkeit am See (km 4,4)
- Am Seeufer gibt es viel für Kinder zu entdecken.
- Der Weg führt streckenweise über Wiesen und bei km 4,6 geht es eine Treppe hoch.
- Der Weg verläuft wiederholt über Weideland, wo Hunde angeleint sein sollten.
- P An der Straße durch Nether Wasdale gibt es etliche kostenlose Parkmöglichkeiten.
- Leider ist der Startpunkt nicht mit öffentlichen Verkehrsmitteln zu erreichen.

Der Weg startet im Ortskern von Nether Wasdale zwischen den Pubs The Strands Inn und The Screes Inn. Sie verlassen das Dorf in östlicher Richtung an der St Michael and All Angels Church vorbei, einer kleinen Kapelle aus dem 16. Jahrhundert mit schöner Eichenholzvertäfelung, und folgen dem Sträßchen bis zu einer Kreuzung, wo Sie eine Brücke überqueren und sich rechts halten. Sie gehen geradeaus weiter über eine zweite Brücke (Forest Bridge) und biegen dann links in einen Schotterweg ab, der nach Wasdale ausgeschildert ist und zum Bauernhof Easthwaite Farm führt. Überqueren Sie den Hof und folgen Sie dem Weg durch ein Gatter auf ein Waldgebiet zu. Ca. 100 m vor dem Wald sehen Sie links ein Gatter mit der Aufschrift „Private, no right of way". Direkt hinter diesem biegen Sie links auf eine Weide ab und laufen mit der Steinmauer zu Ihrer Linken

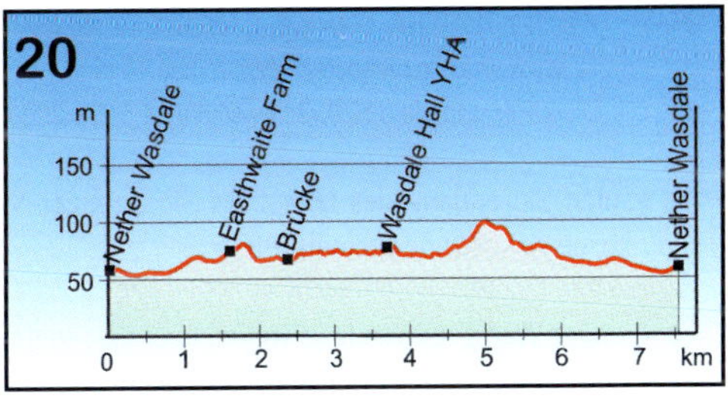

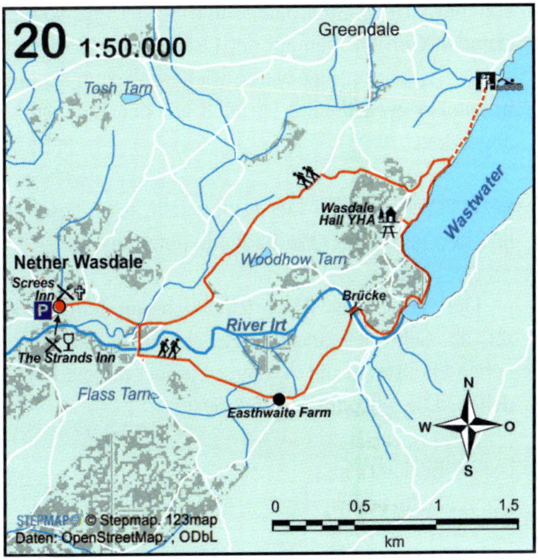

herunter zum Fluss Irt, wo Sie bald auf eine alte Steinbrücke stoßen. Hinter der Brücke gehen Sie direkt rechts und folgen dem Pfad zum Ufer des Sees Wastwater. Der Weg verläuft nun mit herrlichem Blick auf den See am waldigen Westufer entlang.

GCXGF6 Welcome to Wastwater, Schwierigkeit 2, Gelände 1,5, Tradi, Regular

Wastwater ist mit 79 m der tiefste See Englands und wird auf der Nordseite von Englands höchstem Berg Scafell Pike überragt. Berühmt ist Wastwater aber für etwas viel Kleineres: Tief unten auf seinem Grund befindet sich eine Sammlung von Gartenzwergen, die Hobbytaucher als eine Sehenswürdigkeit in der Tiefe aufgestellt haben. Zwischenzeitlich mussten die Zwerge entfernt werden, da die Polizei besorgt war, dass unerfahrene Taucher ihretwegen zu weit in die Tiefe gehen könnten. Aber heute sind die Gnome wieder zurück, und mit ihnen gleich noch ein paar andere Sehenswürdigkeiten wie zum Beispiel ein Weihnachtsbaum und ein Plastikskelett.

Bald gelangen Sie zur Wasdale Hall, einer Jugendherberge, in der auch Essen und Alkoholisches serviert wird. Wanderer dürfen die Bänke und Tische auf der angrenzenden Wiese benutzen.

✕ 🍸 Wasdale Hall YHA, Wasdale, CA201ET, ☏ 08 45/371 93 50, www.yha.org.uk/hostel/wasdale-hall, tägl. 17:00 bis 23:00

GC60P8F Wasdale Hall, Schwierigkeit 1,5, Gelände 1,5, Tradi, Small

Laufen Sie entlang des Ufers, bis Sie zu einer Steintreppe kommen, die auf eine kleine Autostraße hinaufführt.

Der Weg geht nun links weiter, aber erst sollten Sie der Straße einige Hundert Meter nach rechts folgen, da sich hier sehr schöne Blicke auf die Gipfel von Yewbarrow, Great Gable und Scafell Pike sowie die „Screes", die beeindruckenden Geröllhalden auf der Ostseite des Wast Waters, auftun.

Der Blick von hier wurde wiederholt zum schönsten Ausblick in ganz Großbritannien gewählt und ist auch auf dem Logo des Lake-District-Nationalparks abgebildet.

☺ Weil das Ufer hier sanft abfällt, wird dieser Teil des Sees von den Einheimischen gern zum Baden benutzt.

Der Name Wast Water leitet sich von dem altnordischen Wort Vatn (= Wasser) ab. Sehr viele andere Bezeichnungen, die nur im Lake District vorkommen, gehen ebenso auf die Wikinger zurück, die die Region im 10. Jahrhundert besiedelten. Die geläufigsten sind diese:

- Beck = Fluss
- Dale = Tal
- Fell = Berg
- Force = Wasserfall
- Ghyll = Schlucht
- Tarn = Bergsee
- Thwaite = Lichtung

Gehen Sie ca. 300 m entlang dieser Straße nach links, bis rechts ein Schotterweg abzweigt, dem Sie durch den High-Birkhow-Wald folgen. Rechts sehen Sie die hohe alte Mauer des ehemaligen Gartens der Wasdale Hall. Am Ende des Waldes gelangen Sie durch ein Gatter auf Weideland. Der Pfad verläuft erst schräg links, dann rechts auf einen Felsen zu. Wenn der Weg sich gabelt, gehen Sie nach links und folgen diesem Weg nun für ca. 1 km geradeaus. Sie ignorieren

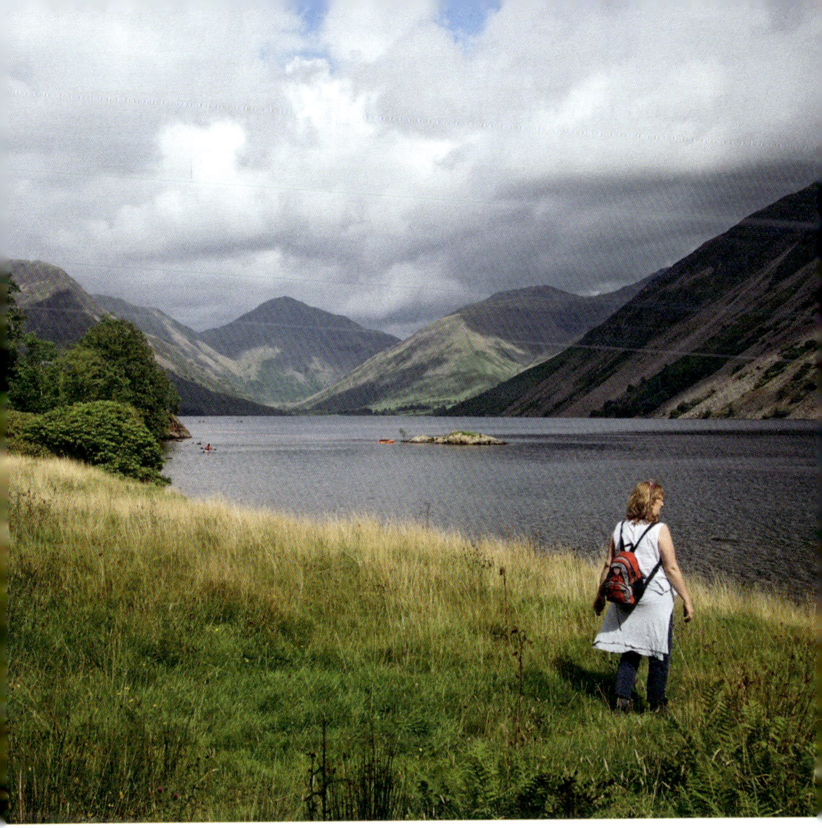

Am Ufer des Sees Westwater

alle Abzweige, bis der Weg ca. 170 m hinter einem kleinen Haus nach links abdreht und dann auf eine Straße trifft. Biegen Sie hier rechts ab und folgen Sie der Straße zurück nach Nether Wasdale, wo Sie sich in einem der zwei gemütlichen Pubs ausruhen können.

✕ Screes Inn, Nether Wasdale, CA20 1ET, ☏ 01 94 67/262 62, tägl. 12:00-23:00, warme Küche Mo-Do 18:00-20:00, Fr/Sa 12:00-21:00, So 12:00 bis 20:00

♦ Strands Inn, Nether Wasdale, CA20 1ET, ☏ 01 94 67/262 37, ☏ tägl. 12:00-23:00, warme Küche Mo-Sa 12:00-14:30 und 17:30-21:00, So 12:00-20:00, Hunde willkommen, an der Bar kann man Hundesnacks kaufen

21 Rund um das einsame Ennerdale Water

Tour für Freunde der Einsamkeit

Ennerdale Water ist der westlichste und entlegenste See des Lake Districts und bietet selbst im Hochsommer Stille und Einsamkeit pur. Abgesehen vom ersten Wegabschnitt, der das Klettern über einige steile Felsausbuchtungen erfordert, verläuft die Strecke auf ebenem Weg meist direkt am Seeufer entlang, das am östlichen Ende des Sees dicht bewaldet ist. Immer wieder bieten sich herrliche Ausblicke über die umliegenden Gipfel Pillar und Haycock.

Start/Ziel: Bleach-Green-Parkplatz, Ennerdale Water, GPS N 54°31.491' W 003°24.898'

11,7 km

ca. 3 Std. 30 Min.

450 m/450 m

114-161 m

keine Einkehrmöglichkeit am Weg, dafür aber zwei gemütliche Pubs im 2,4 km entfernten Ennerdale Bridge

Tische und Bänke direkt am See (km 6,8)

Der erste Abschnitt führt über einen schmalen Pfad an ungesicherten, steilen Böschungen vorbei.

Der erste Teil des Weges ist für Buggys ungeeignet. Als Alternative können Sie den See im Uhrzeigersinn umgehen und auf halber Strecke kehrtmachen.

für Hunde ideal

P kostenloser Parkplatz am Start/Ziel

keine Busverbindung zum Startpunkt

Taxi von Whitehaven: ☎ 01 94 66/61 11

Vom P Parkplatz aus gehen Sie den Pfad durch den Wald zum See herunter. Schon bald sehen Sie das Ufer mit einem Wehr vor sich. Hier halten Sie sich rechts und gehen über eine Brücke, durch ein Gatter und dann am Seeufer weiter.

Beim weiten Blick über den einsamen See Ennerdale können schon mal romantische Gefühle aufkommen. Das jedenfalls fand Bill Clinton, der auf seiner

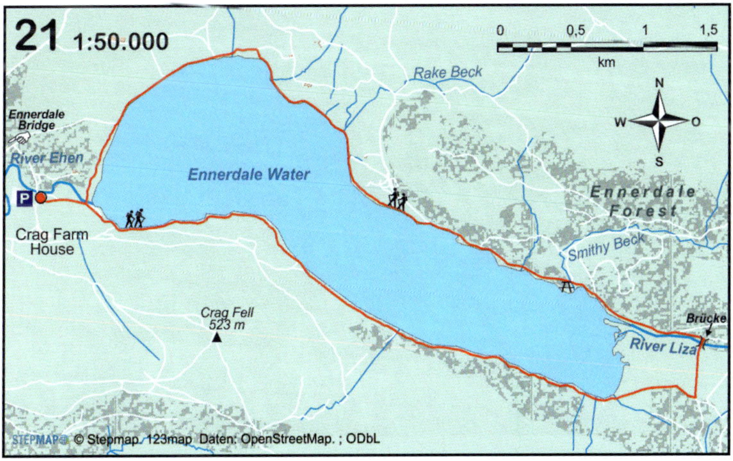

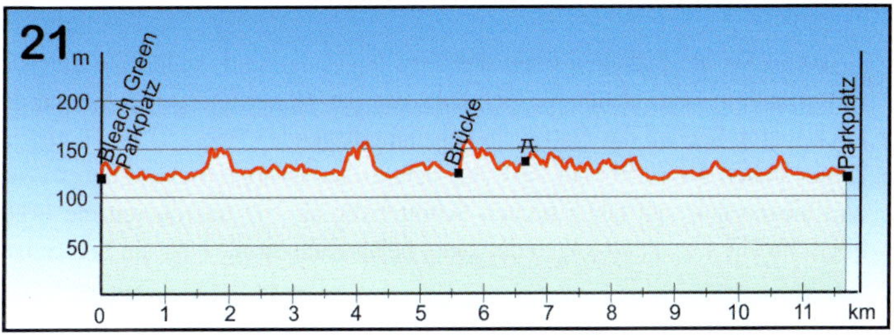

ersten Europareise 1973 seine damalige Freundin Hillary zum Ennerdale Water mitnahm und einen Sonnuntergang am Ufer dazu nutzte, um ihr einen Heiratsantrag zu machen. Sie sagte Ja und zwei Jahre später waren die beiden vermählt.

Nach ca. 1,5 km erreichen Sie die einzige anstrengendere Strecke dieser Wanderung: Der Pfad steigt kurz steil an und erfordert einiges Klettern über Felsvorsprünge. Bald fällt der Weg aber wieder zum Ufer ab und verläuft von nun an fast ausnahmslos ebenerdig.

🌐 GC42TX0 Side Wood, Schwierigkeit 2, Gelände 3, Tradi, Small

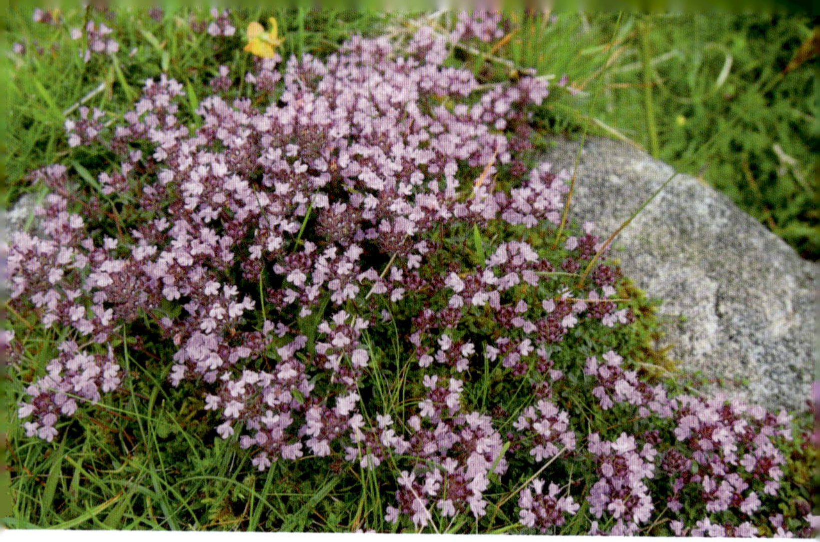

Sand-Thymian am Ufer des Ennerdale Water

Wenn Sie am östlichen Ende des Sees angelangt sind, laufen Sie durch ein Gatter auf ein Feld. Halten Sie sich links von der Mauer und gehen Sie mit dem Rücken zum See auf das Gatter am gegenüberliegenden Feldrand zu. Hinter dem Gatter gehen Sie rechts am Feldrand weiter, durchschreiten ein weiteres Gatter und biegen links auf einen breiten Schotterweg ab. Sie überqueren die Brücke über den Fluss Liza und folgen der kaum befahrenen Straße links am See entlang.

Vor rund 15 Jahren begann mit dem „Wild Ennerdale"-Projekt der Versuch, das Ennerdale-Tal zu seinem natürlichen Zustand zurückzuführen: Eintönige Nadelholzplantagen wurden abgeholzt und durch einheimische Laubbäume ersetzt, die Torfmoore und Heidelandschaften renaturiert. Mehrere Herden von schwarzen Galloway-Rindern, eine der ältesten Vieharten der Britischen Inseln, leben heute halbwild im Tal von Ennerdale und in den nächsten Jahren sollen auch wieder Luchse eingeführt werden, die in Großbritannien vor 1.300 Jahren ausgerottet wurden.

Kurz nachdem ein kleines Sträßchen nach rechts abgebogen ist, liegt zu Ihrer Linken ein schöner ⛼ Picknickplatz. Sie folgen der Straße weiter am See entlang, bis diese zu steigen beginnt und ein kleiner Pfad links zum Seeufer abgeht. Diesem folgen Sie ca. 3,7 km am Ufer entlang zu Ihrem Ausgangspunkt zurück.

22 Entlang der Steilküste des St Bees Head

WC

Tour für Fans schroffer Küsten und Vogelfreunde

Wer sich nach etwas Meeresluft sehnt, dem sei diese Wanderung an der Landzunge von St Bees kurz außerhalb des Nationalparks empfohlen. Der Weg führt von dem Küstenort St Bees hinauf auf die rötlichen Steilklippen mit großen Seevögelkolonien, wo Ornithologen besonders im Frühling und Frühsommer auf ihre Kosten kommen, dann herunter zu der einsamen Bucht von Fleswick und weiter am Leuchtturm von St Bees Head vorbei, um über die Felder des Hinterlandes zurück in den Küstenort zu gelangen. Während der Wanderung eröffnen sich immer wieder weite Blicke bis zur Isle of Man und der schottischen Südküste.

Start/Ziel: Strandparkplatz von St Bees, GPS N 54°29.444' W 003°36.311'

12,4 km

ca. 4 Std.

548 m/548 m

3-139 m

Hartley's Beach Shop, Seacote Hotel (beide km 0 bzw. km 12,4)

schöner Rastplatz mit Sicht auf das Meer am Start/Ziel

WC am Parkplatz am Start/Ziel

Bademöglichkeit in der Bucht von Fleswick (km 2,9)

Am Start/Ziel liegt ein sehr schöner Abenteuerspielplatz und im Hartley's Beach Shop gibt es leckeres Eis.

Der Weg ist leider meist zu schmal und steil für Buggys.

Der Weg führt wiederholt über Schaf- und Viehwiesen.

P kostenpflichtiger Parkplatz am Start/Ziel

St Bees wird leider von keinem Bus angefahren.

Der Bahnhof von St Bees liegt 1,25 km entfernt und ist gut über eine wenig befahrene Straße zu Fuß zu erreichen. Mo-Sa wird St Bees jeweils stündlich von Zügen aus südlicher Richtung (Preston/Lancaster/Barrow-in-Furness) sowie von Zügen aus Carlisle im Norden angefahren. Sonntags halten Züge nur im benachbarten Whitehaven, von wo aus man per Taxi nach St Bees kommt (☏ 01 94 66/61 11).

Vom P Parkplatz mit WC gehen Sie rechts am Spielplatz vorbei in Richtung Strand. Eine Tafel kennzeichnet hier den Beginn des „Coast to Coast"-Fernwanderwegs.

Der „Coast to Coast Walk" ist ein 309 km langer Fernwanderweg, der Nordengland von der West- bis zur Ostküste durchquert. Traditionell tauchen die „Coast to Coasters" ihre Schuhe am Beginn des Weges kurz in die Irische See und dann am Ziel ihrer Reise an der Robin Hood's Bay in die Nordsee. Um die 10.000 Wanderer nehmen den Coast to Coast Walk jedes Jahr in Angriff, aber trotzdem gilt die Route, die der Autor Alfred Wainwright 1972 zusammenstellte, nicht als offizieller Fernwanderweg und ist so gut wie nicht ausgeschildert. Anstatt sofort in St Bees in Richtung Osten abzudrehen, folgt der sogenannte C2C zuerst der Küste Richtung Norden, sodass Sie bei dieser Wanderung den ersten Teil des Weges selbst ablaufen.

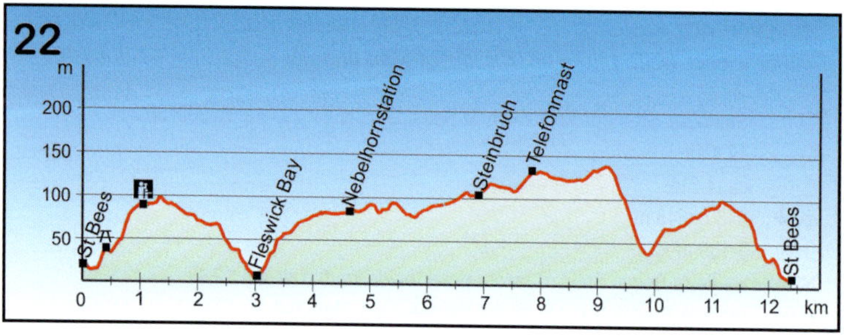

Folgen Sie dem Weg, der oberhalb des Strandes parallel zum Meer verläuft, nach rechts. Sie überqueren den Bach Rottington Beck und folgen dann dem Pfad links steil hinauf auf die Landzunge von St Bees Head. Auf halber Höhe erreichen Sie eine Bank mit schönem Blick zurück auf den Strand. Der schmale, aber gut erkennbare Pfad steigt immer weiter an und führt durch mehrere Gatter, bis Sie nach ca. 1 km auf dem South Head, einem von zwei Kaps der Landzunge, die Überreste einer alten Küstenwache erreichen. Eine Orientierungstafel zeigt an, was es in den verschiedenen Himmelsrichtungen zu sehen gibt: im Westen die Isle of Man, im Norden die schottische Südküste und die Berge von Galloway, im Osten den höchsten Berg Englands, Scafell Pike, und seine Nachbargipfel.

Bei klarem Wetter können Sie hier die Isle of Man ausmachen, besonders deren 620 m hohen Gipfel Snaefell. Die Isle of Man hat eine kuriose Stellung in Großbritannien: Sie gehört weder zum Vereinigten Königreich, noch hat sie je zur Europäischen Union gehört. Trotzdem ist sie der Britischen Krone unterstellt und

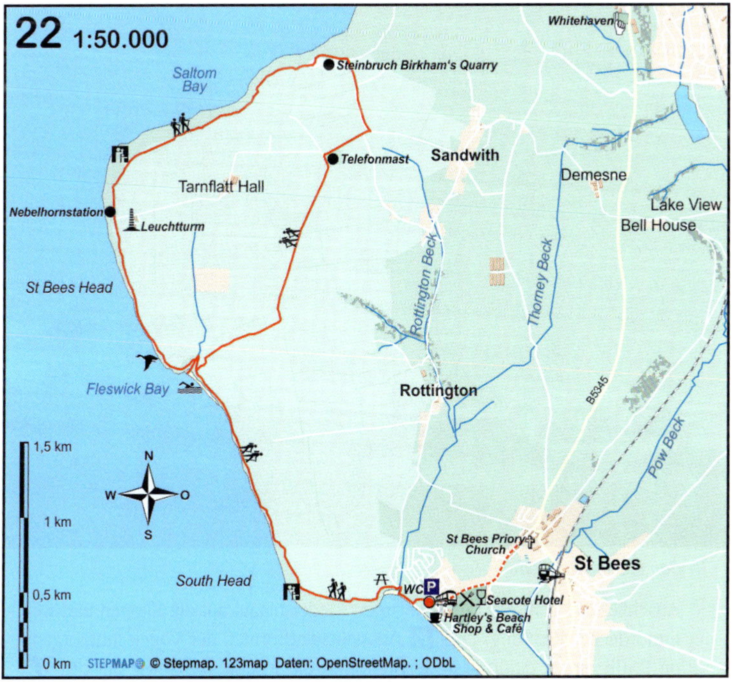

ihre Bewohner haben die britische Staatsangehörigkeit. Wenn die Insel bei trübem Wetter nicht zu sehen ist, ist das der Legende nach die Schuld des keltischen Meeresgottes Manannan Mac Lir. Er soll die Isle of Man regelmäßig in ein Nebeltuch hüllen, um sie vor Feinden zu schützen.

Der Pfad zieht sich nun für weitere 2,2 km an der Küste entlang, bis steile Stufen hinunter zur Bucht von Fleswick führen. Hier lohnt sich eine Pause, um sich die dramatischen Felsformationen aus rotem Sandstein anzuschauen, die über 200 Millionen Jahre alt sind.

☺ Die windgeschützte Bucht eignet sich gut für ein Picknick. Auch schwimmen können Sie hier, solange Sie sich von den kühlen Temperaturen der Irischen See nicht abschrecken lassen.

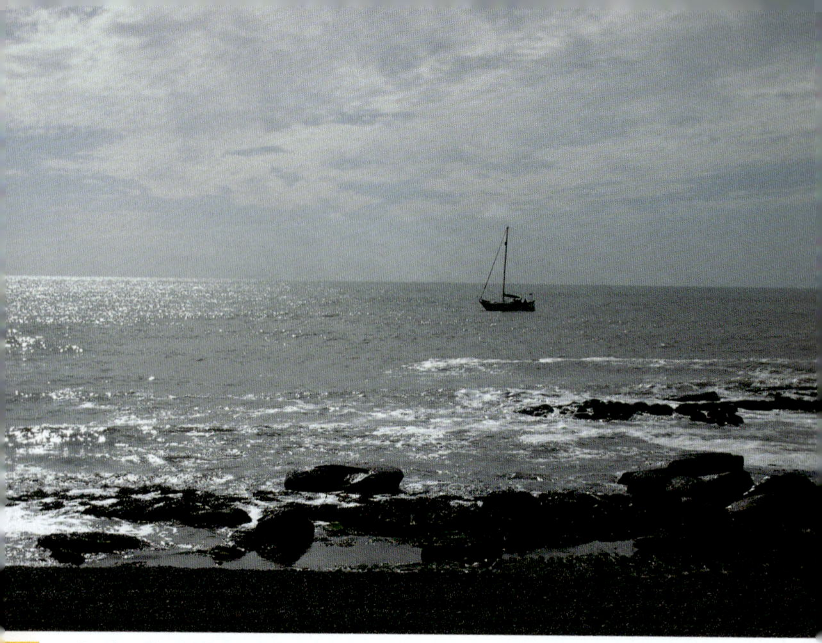

In der Fleswick Bucht

Anschließend geht es über Steinstufen wieder hinauf auf die Klippen und weiter in nördlicher Richtung. Drei Aussichtsplattformen der Vogelschutzorganisation RSPB bieten eindrucksvolle Blicke auf die Irische See sowie auf die Vogelkolonien in den Klippen.

Zu den Seevögeln, die am St Bees Head zu sehen sind, gehören neben verschiedenen Möwenarten auch Eissturmvögel, Kormorane, Lummen, Tordalken und einige Papageitaucher. Auch können Sie hier die einzige Brutkolonie von Gryllteisten in ganz England sehen. Die schwarzen Vögel mit halb weißen Flügeln und auffällig roten Beinen kommen sonst hauptsächlich in Skandinavien vor. Aber auch abseits der Klippen sollten Sie Ihre Augen offen halten. In den Büschen und Wiesen entlang des Weges können wachsame Ornithologen seltene Singvögel wie Schwarz- und Braunkehlchen sowie Dorngrasmücken entdecken.

Sie folgen dem Pfad weiter entlang der Küste und sehen dann den Leuchtturm von St Bees am North Head, dem westlichsten Punkt Nordenglands, vor sich. Der Pfad verläuft unterhalb des Leuchtturms an der Nebelhornstation weiter.

Ca. 600 m nach dieser macht der Pfad eine Rechtskurve, um den nördlichen Teil der Landzunge zu umrunden. Vor sich sehen Sie jetzt das Städtchen Whitehaven sowie die schottische Südküste.

Die Nebelhornstation

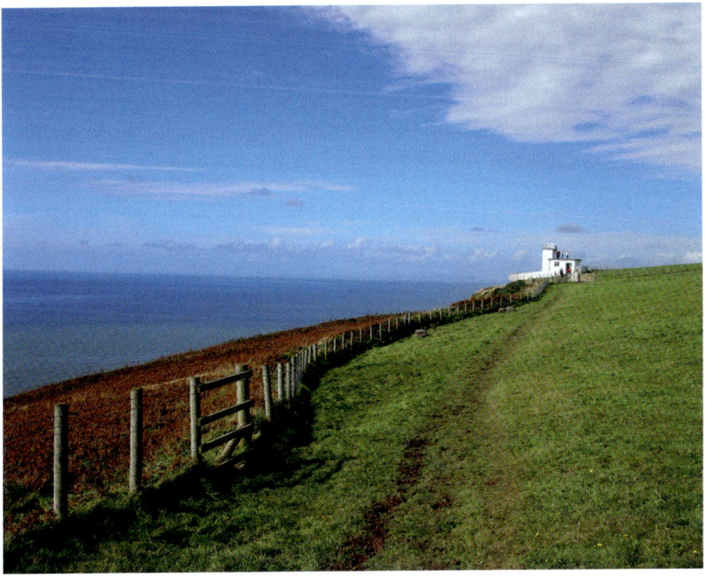

Das heute recht unscheinbare Whitehaven soll dank seines rechtwinkligen Straßenplanes als Vorbild für den Bau von Manhattan gedient haben. Auch ging das Städtchen während des Amerikanischen Unabhängigkeitskrieges in die Geschichtsbücher ein: In der Nacht vom 22. zum 23. April 1778 wurde Whitehaven vom Schiff „USS Ranger“ angegriffen, dessen Besatzung den Auftrag hatte, die gesamte Stadt in Brand zu setzen. Der Angriff lief allerdings etwas anders als erwartet ab: Die Hälfte der Seeleute versackte in einem der Pubs im Hafen, während ein noch nüchterner Matrose die Bewohner Whitehavens alarmierte, bevor es zu einem größeren Feuer kommen konnte. In einer Proklamation, die 1999 vom Hafenmeister und einem Offizier der amerikanischen Marine unterschrieben wurde, verzieh die Stadt den amerikanischen Angriff offiziell.

Der Weg führt an dem Steinbruch Birkham's Quarry vorbei, wo schon seit dem 18. Jahrhundert der rote St-Bees-Sandstein abgebaut wird, der u. a. für den Bau der Kathedrale von Liverpool und des Victoria & Albert Museums in London verwendet wurde. Hinter dem Steinbruch biegen Sie rechts auf ein mit „Coast to Coast Path" ausgeschildertes Sträßchen ab und dann nach ca. 500 m wieder rechts auf einen Weg, der zu einem großen Telefonmast hinaufführt. Hinter dem Mast klettern Sie links über einen Zaunstieg und folgen dem Weg über drei weitere Zaunstiege in Richtung Süden. An dem letzten Zaunstieg zeigt ein gelber Pfeil schräg nach rechts. Hier überqueren Sie nun das Feld diagonal, um links unten in der Nähe der Fleswick Bay über einen weiteren Stieg wieder auf den Küstenweg zu gelangen, dem Sie nach links zurück nach St Bees folgen.

Der Name St Bees geht auf die heilige Bega zurück, eine irische Prinzessin, die im 8. Jahrhundert einer Zwangsheirat mit dem norwegischen Königssohn zu entfliehen versuchte und von einem Engel über das Meer bis zur Fleswick Bay getragen worden sein soll. In dem heute nach ihr benannten Ort gründete sie an der Stelle der heutigen St Bees Priory ein kleines Kloster, wo sie mehrere Jahrzehnte lebte, bis die Wikingerüberfälle an der Westküste Großbritanniens immer weiter zunahmen und sie weiter nach Northumberland in Nordostengland fliehen musste.

In unmittelbarer Nähe zum Strand gibt es ein ☕ Café und ein 🛏 Hotel mit ✕ Restaurant. ☺ Im Sommer steht hier auch ein Eiswagen.

☕ Hartley's Beach Shop and Café, Beach Road, St Bees, CA27 0ES,
☎ 01 94/682 01 75, tägl. 8:00-17:00

✕ 🍷 Seacote Hotel, Beach Road, St Bees, CA27 0ES, 💻 www.seacote.com,
☎ 01 94/682 23 00, tägl. 12:00-23:00, warme Küche 12:00-21:00

➪ Es lohnt sich ein Besuch der Kirche ✝ St Bees Priory, die früher eines der religiösen Zentren der Grafschaft Cumbria war. Die heutige Kirche wurde um 1120 als Benediktinerkloster auf den Grundmauern einer angelsächsischen Kirche gebaut. Besonders sehenswert sind das herrliche normannische Westtor aus dem Jahr 1150 und der angelsächsische Beowulf-Stein, der eine Figur zeigt, die einen Drachen bezwingt. Die St Bees Priory war der Fundort des St-Bees-Mannes.

♦ St Bees Priory, St Bees, CA27 0DR, 💻 www.stbeespriory.org.uk, tägl. 8:30-19:30

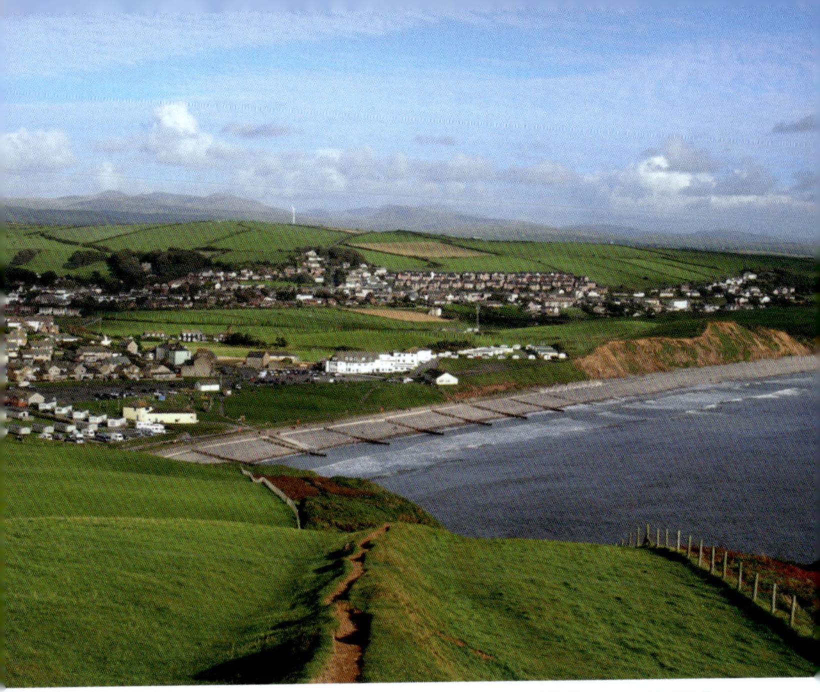

Rückweg nach St Bees

Der Mann von St Bees

Während einer Serie von Ausgrabungen an der St Bees Priory machten Archäologen der Universität Leicester 1981 einen merkwürdigen Fund: In einem Bleisarg aus dem Mittelalter fanden sie einen in ein gut erhaltenes Leinentuch gewickelten Körper. Sehr groß war die Überraschung, als sie das Tuch entfernten und die Leiche eines Mannes fanden, der aussah, als sei er erst kürzlich gestorben. Die Haut war rosa, in einer Lunge fand man flüssiges Blut und bis auf das Gehirn waren alle Organe in einem außergewöhnlich guten Zustand.

Nach langem Forschen fanden die Archäologen heraus, um wen es sich bei dem Verstorbenen handelte: Anthony de Lucy hatte sich im 14. Jahrhundert dem Deutschen Orden angeschlossen, um einen Kreuzzug gegen die litauischen Herrscher zu führen, die sich weigerten, zum Christentum überzutreten. 1368 war de Lucy bei Kaunas getötet worden, worauf man seine Leiche zurück in seine Heimat St Bees verschiffte.

Der östliche Lake District

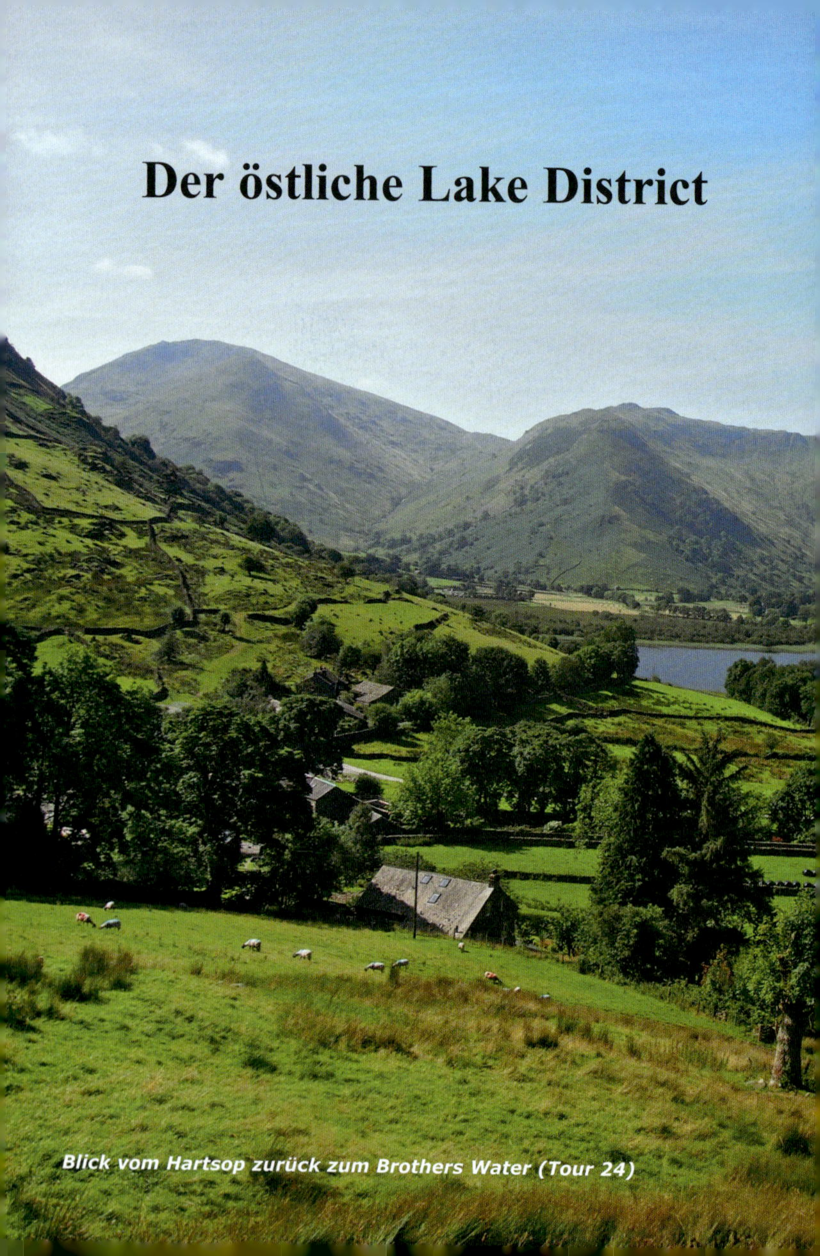

Blick vom Hartsop zurück zum Brothers Water (Tour 24)

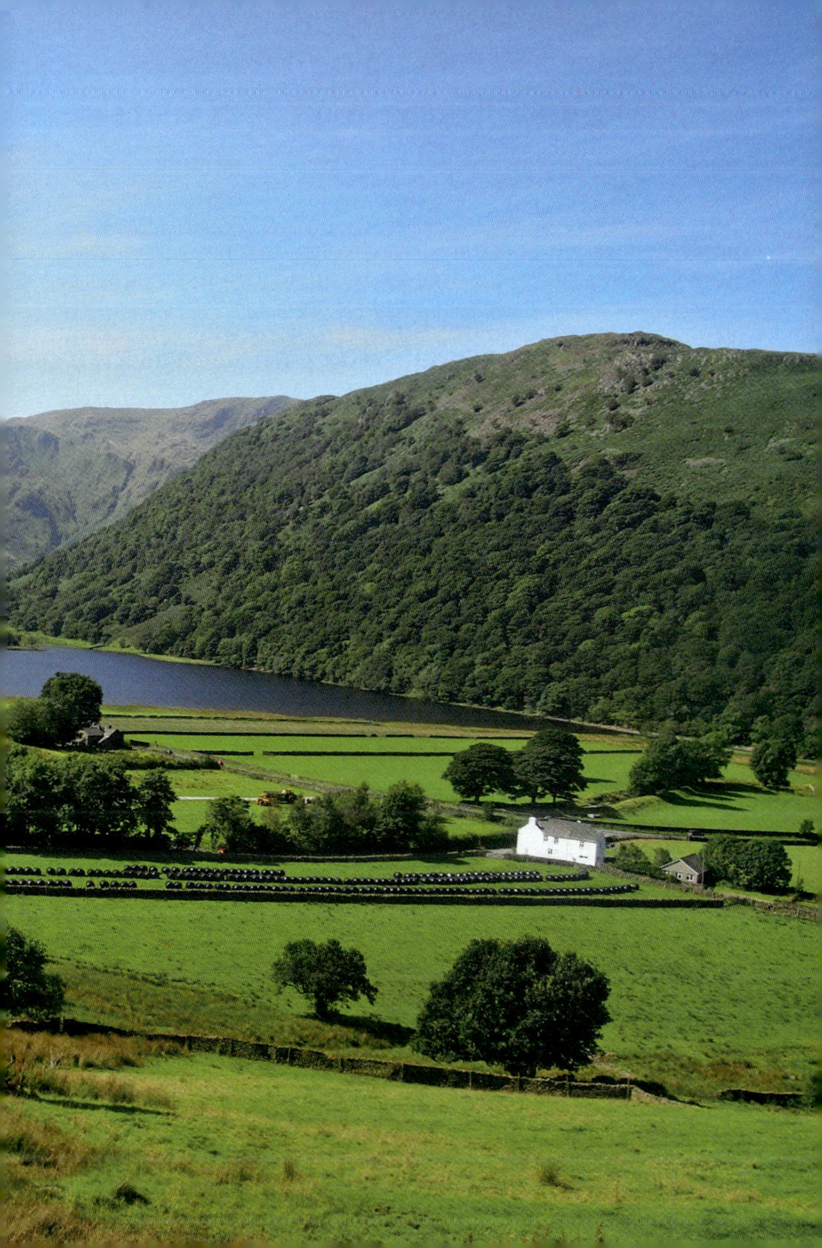

23 Entlang des Ullswater Ways

Tour für Familien und Naturliebhaber

2016 wurde der 32 km lange Ullswater Way eröffnet, der es ermöglicht, den zweitgrößten See des Lake Districts ohne Unterbrechung zu umrunden. Diese Wanderung beschränkt sich auf den schönsten Abschnitt des Weges am Ostufer entlang, von wo aus man herrliche Ausblicke über die Buchten, Boote und gegenüberliegenden Berghänge hat. Den Startpunkt erreichen Sie leicht mit der im Stundentakt auf dem Ullswater verkehrenden Fähre. Wer mag, kann diese Wanderung je nach Laune verkürzen oder verlängern – die Ausschilderung ist so gut, dass Sie sich nur schwer verlaufen können.

→ Start: Howtown, Fähranleger, GPS N 54°34.262' W 002°51.777';
Ziel: Glenridding, Fähranleger, GPS N 54°32.580' W 002°56.909'

10,6 km

ca. 3 Std.

↑↓ 835 m/835 m

⇧ 146-231 m

Der Weg ist mit einem schwarzer Kreis auf weißem Untergrund mit gelber Narzisse markiert.

Howtown Hotel (km 0,3), Lowther Tea Room (km 3,7), Side Farm Tea Room (km 9,2), The White Lion (300 m ab km 9,7), viele Einkehrmöglichkeiten in Glenridding (km 11,3)

am Seeufer am Ziel (km 10,6)

Kindern macht die Kombination von Wandern und Bootsfahrt viel Spaß.

Der Weg führt leider über teils sehr schmale, unebene Wege und ist daher nicht für Buggys geeignet.

Hunde dürfen auf dem Ullswater Steamer für £ 1 mitfahren.

P großer gebührenpflichtiger Parkplatz am Fähranleger

Linie 108 von Penrith/Pooley Bridge nach Glenridding Mo-Sa ca. alle 2 Std.; Linie 508 über Penrith/Pooley Bridge/Troutbeck/Windermere/Kendal von März-Okt. ca. alle 2 Std.; Linie 208 von Keswick nach Glenridding von März-Ende Okt. zweimal tägl. nur am Wochenende

Die Dampfschiffe Ullswater Steamers verkehren stündlich von ca. 9:45 bis 16:45 (im Winter 9:45-13:45) zwischen Glenridding und Howtown und weiter bis nach Pooley Bridge, Fahrtzeit ca. 40 Min., www.ullswater-steamers.co.uk, einfache Fahrt: Erw. £ 6,60, Kind £ 3,30

Die Wanderung beginnt am Fähranleger in Howtown, von wo Sie rechts den Weg über die Brücke nehmen, der nach Sandwick ausgeschildert ist.

Die Ullswater-Fähre

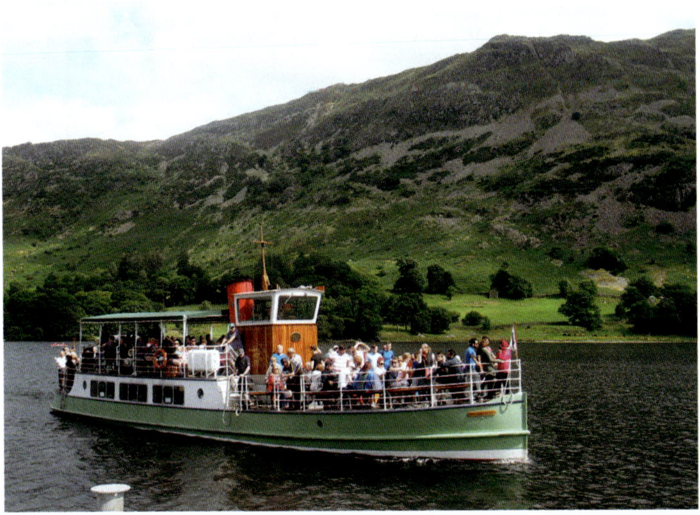

Die Ullswater Steamers sind allesamt historische Dampfschiffe, die Mitte des 19. Jahrhunderts als Post- und Transportschiffe für die Bleiminen auf der Westseite des Sees dienten. Heute sind sie mit Dieselmotoren ausgestattet und können mit einer Geschwindigkeit von bis zu zehn Knoten fahren. Zu der Flotte von fünf Schiffen gehört auch ein Boot namens Raven, das 1912 einen berühmten Gast beförderte: Kaiser Wilhem II. war zwei Jahre vor Beginn des Ersten Weltkrieges zu Gast im Lake District, um seinen Freund Lord Lonsdale bei einer Jagd zu begleiten.

Sie folgen kurz dem Ufer und kommen dann durch zwei Gatter auf ein Sträßchen, wo Sie rechts gehen.

ca. 300 m nach links: Howtown Hotel, Ullswater, CA10 2ND, 01 76 84/865 14, www.howtown-hotel.co.uk, tägl. ab 7:00, Hunde willkommen

Nach 60 m laufen Sie links durch ein Gatter und folgen weiter dem Weg, der nach Sandwick ausgeschildert ist.

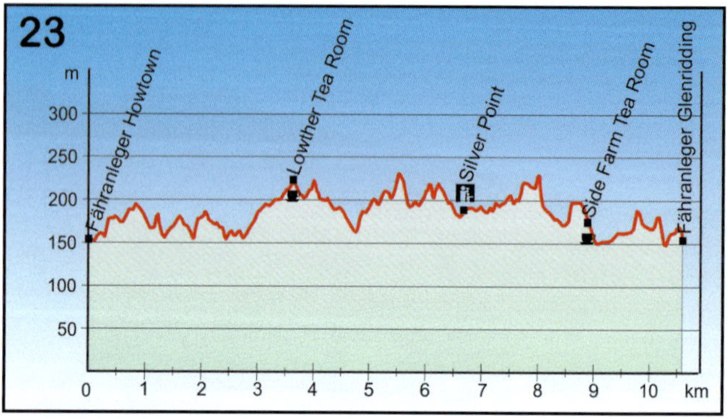

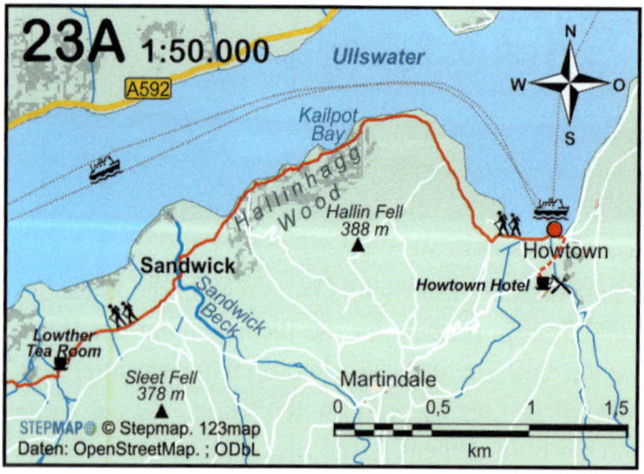

Im Frühling (je nach Witterung zwischen März und April) ist das Ufer des Ullswater übersät mit wilden Narzissen, einer kleineren Urform unserer Zierpflanze. Die gelben Blumen waren die Inspiration für eines der bekanntesten Gedichte der englischsprachigen Literatur, William Wordsworths „Daffodils“. Das Gedicht beginnt so: „Der Wolke gleich, zog ich einher/die einsam zieht hoch übers Land/als unverhofft vor mir ein Meer/von goldenen Narzissen stand.“

Nach einem kleinen Anstieg kommen Sie zu einem Gatter in einer Mauer, hinter dem Sie rechts gehen, um nun den Fuß des Hallin Fell zu umrunden.

GC3G25G Blondie, Schwierigkeit 3,5, Gelände 3,5, Tradi, Regular

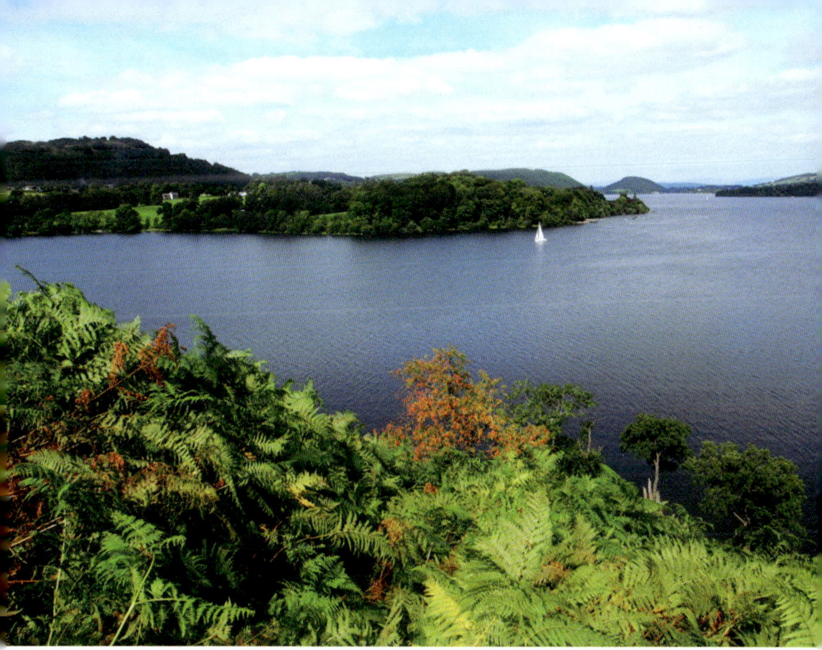

Entlang des Ufers von Ullswater kurz hinter Howtown

Folgen Sie dem Pfad immer in der Nähe des Ufers durch den Wald Hallinhagg Wood. Kurz hinter diesem kommen Sie durch ein Gatter auf einen Wiesenweg, der zu der Siedlung Sandwick führt. Hier überqueren Sie eine Brücke und biegen hinter dem Haus Townhead Cottage rechts auf den Pfad ab, der den Hang hinaufführt. Sie folgen dem Weg am Fuß des Berges Sleet Fell entlang und kommen bald zu einem herrlich einsamen Café in einer ehemaligen Scheune.

☕ The Lowther Tea Room, Beckside Farm, Martindale, CA10 2NF,
💻 www.becksidefarm.co.uk, ☏ 01 76 84/869 96, 🚪 Ostern-Nov. tägl. 11:00-16:00,
🐕 Hunde dürfen zwar nicht herein, bekommen aber draußen Trinkwasser.

Ca. 100 m weiter westwärts führt der Weg über eine Brücke. Links von sich sehen Sie jetzt den Wasserfall Scalehow Force. Der Weg steigt und fällt nun immer wieder leicht an und ab. Ignorieren Sie alle Abzweige nach links und folgen Sie dem gut zu erkennenden Hauptweg. Besonders am Silver Point haben Sie einen schönen Ausblick auf den See und die gegenüberliegenden Berge. Der Weg

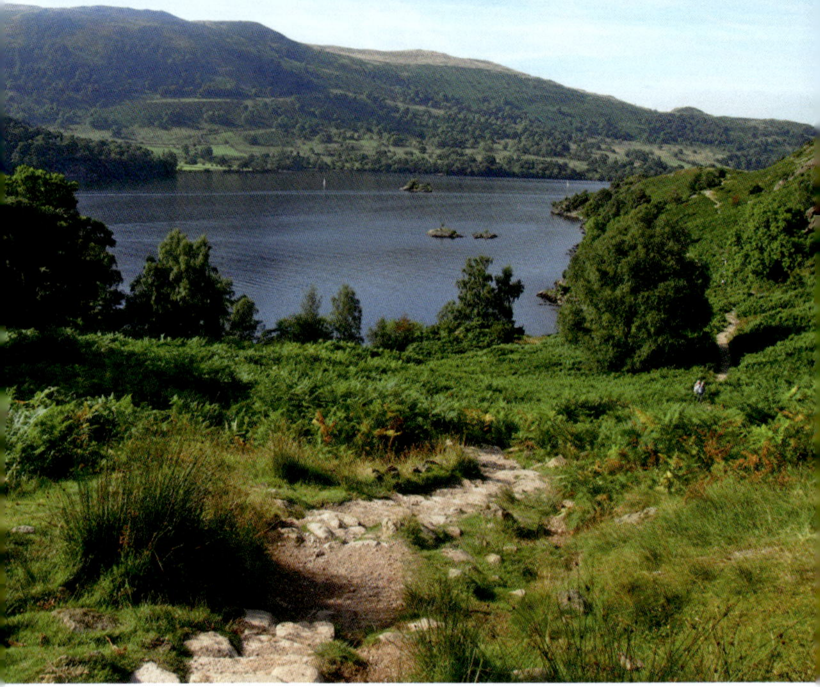

Auf dem Weg nach Pooley Bridge

verläuft nun in südlicher Richtung am Fuß des Berges Place Fell entlang. Wenn Sie den ⛺ Campingplatz Side Farm erreichen, geht bald ein breiter Weg rechts ab. Folgen Sie diesem am Hof Side Farm mit einem kleinen ☕ Cafe vorbei.

☕ Side Farm Tea Room, Patterdale CA11 0NP, ☎ 01 76 84/823 37, 🚪 Ostern-Okt. tägl. 10:00-17:00

Der Schotterweg führt Sie nun zur Hauptstraße, wo Sie links einen ↳ Abstecher zum Pub The White Lion machen können.

🍷🍴 ↳ 300 m: The White Lion, Patterdale CA11 0NW, ☎ 01 76 84/822 14, 💻 www.the-whitelion.com, 🚪 tägl. 9:00-23:00, warme Küche 9:00-18:00, 🐕 Hunde willkommen

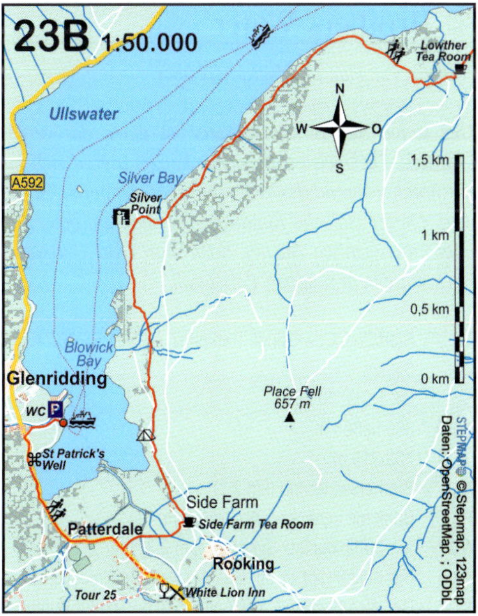

Sonst gehen Sie hier rechts und folgen dem Pfad, der mal links, mal rechts parallel zur Straße verläuft. Kurz vor dem Bootsverleih St Patrick's Landing sehen Sie auf der linken Seite ein kleines Häuschen, ⌘ St Patrick's Well.

Die dem heiligen Patrick geweihte Quelle ist nur eine von mehreren Verweisen auf den Schutzpatron Irlands in diesem Tal. Auch der Name Patterdale selbst geht auf den Namen St Patrick's Dale, das Tal des heiligen Patrick, zurück. Einige Einheimische meinen sogar, dass Patrick, der im 5. Jahrhundert Irland zum Christentum bekehrte, hier geboren sein soll, auch wenn die meisten Historiker es für wahrscheinlicher halten, dass er in Wirklichkeit aus Südwestschottland stammte.

🌐 GC211JZ St Patrick's Well, Schwierigkeit 3, Gelände 1, Tradi, Micro

Am St Patrick's Landing gehen Sie durch ein Gatter, um zurück auf den Uferweg zu kommen. Dieser führt zum Sträßchen, an dem der P Parkplatz für die Fähre liegt.

24 Brothers Water

Tour für Familien und Naturliebhaber

Der kleine See Brothers Water ist eines der vergessenen Juwelen des Lake Districts. Die meisten Besucher konzentrieren sich auf den großen Nachbarsee Ullswater, während das idyllische, seerosenbewachsene Brothers Water übersehen wird. Dieser einfache Rundweg führt erst am bewaldeten Ufer entlang und dann über einen sanften Anstieg hoch zum Dorf Hartsop und weiter zum Angletarn Beck mit einem schönen Wasserfall.

- Start/Ziel: Cow-Bridge-Parkplatz, GPS N 54°30.740' W 002°55.436'
- 6,4 km
- ca. 1 Std. 30 Min
- ↑↓ 385 m/385 m
- 152-219 m
- Brotherswater Inn (km 2,3)
- Bank mit herrlichem Ausblick (km 4,2)
- WC am Campingplatz Sykeside (km 2,3)
- Für Kinder gibt es am Seeufer viele Spielmöglichkeiten.
- Der Weg bis zum Campingplatz ist perfekt für Buggys geeignet, dort sollte man allerdings umkehren, da der weitere Weg über enge, unebene Pfade führt.
- Hunde können am See frei laufen.
- P kleiner kostenloser Parkplatz am Startpunkt
- Linie 508 von März bis Ende Okt. von Penrith/Pooley Bridge/Glenridding/Bowness/Windermere nach Brothers Water fährt den Startpunkt ca. fünfmal tägl. an, Linie 208 von Keswick hält zweimal tägl. im nahen Patterdale (nur an Wochenenden).

Vom P Parkplatz gehen Sie über die Brücke und dann links durch ein Gatter, das auf einen waldigen Weg entlang des Seeufers führt.

GC2M3XQ Low Wood, Schwierigkeit 2, Gelände 1,5, Tradi, Small

Folgen Sie dem Uferweg bis zum Ende des Sees und laufen Sie dann weiter bis zu dem Gehöft Hartsop Hall, dessen Hauptgebäude aus dem 16. Jahrhundert stammt. Hier gehen Sie nun links durch ein Gatter auf einen asphaltierten Weg, der über den Bach Kirkstone Beck führt.

Bei schönem Wetter lohnt sich ein Abstecher in das schöne Tal Dovedale südlich des Brothers Water, von wo aus man einen wunderbaren Blick auf die umliegenden Gipfel hat. Gehen Sie dafür einfach einige Hundert Meter geradeaus, statt an der Hartsop Hall links abzubiegen.

Der Weg ins Dovedale

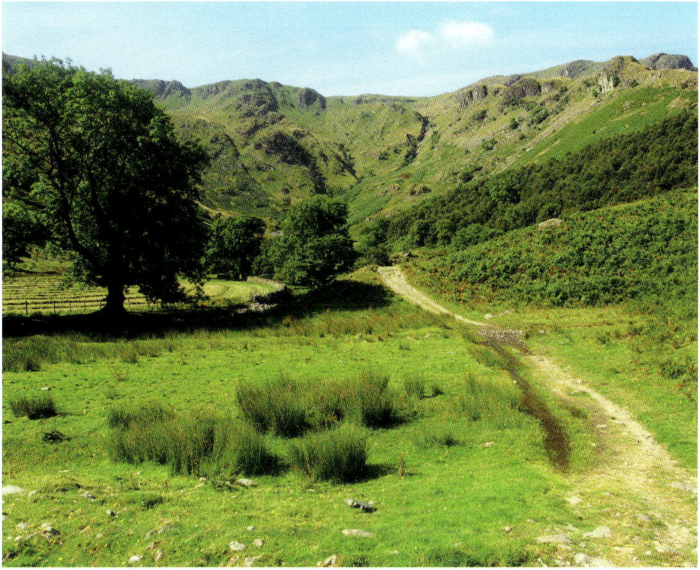

Sie sehen jetzt den Campingplatz Sykeside vor sich, der an dem urigen Pub Brotherswater Inn liegt. Zum Campingplatz gehören auch ein kleiner Laden und ein WC (eigentlich nur für Gäste, aber an dem großen Campingplatz wird Ihr Besuch kaum jemandem auffallen). Um zum Pub zu kommen, gehen Sie hinter den WCs rechts.

Brotherswater Inn, Brothers Water, Patterdale CA11 0NZ, www.sykeside.co.uk, 01 76 84/822 39, tägl. 12:00-23:00, warme Küche 12:00-14:00 (am Wochenende 12:00-15:00 und 18:00-21:00), Hunde willkommen

Sykes Camping Shop, tägl. 8:30-18:00

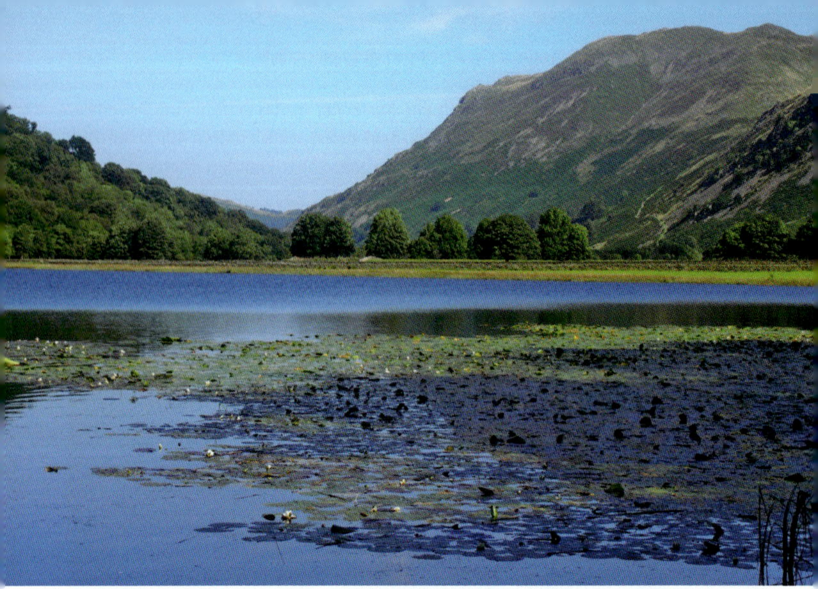

Am Westufer des Brothers Water

Hinter den WCs gehen Sie links auf eine Straße zu. Dies ist der Kirkstone Pass, der mit 454 m höchste Gebirgspass des Lake Districts. Kurz vor der Straße zweigt nun links ein Pfad ab, der unterhalb der Straße parallel zu ihr weiterverläuft. Diesem folgen Sie am Ostufer des Sees entlang.

Besonders hier am Ostufer ist das Brothers Water im Sommer übersät mit weißen Seerosen. Um die schönen Wasserlilien ranken sich viele Legenden. So sollen sie unter dem besonderen Schutz von Wassernixen stehen, die diejenigen hart bestrafen, die die Pflanzen zu pflücken versuchen: Sie werden unter Wasser gezogen und ertränkt. Vermutlich hat sich in der Tat schon der ein oder andere in den bis zu 2 m langen, seilartigen Stielen verfangen, sodass man beim Schwimmen lieber einen großen Bogen um sie machen sollte.

Am Ende des Sees dreht der Weg nach rechts ab und Sie gehen durch ein Gatter zur Straße, überqueren diese vorsichtig und folgen dann dem Pfad, der auf der gegenüberliegenden Seite durch ein Gatter nach links führt. Sie erreichen bald einige Häuser, wo Sie eine Brücke überqueren und sich dann rechts halten. Der Weg steigt an und führt durch das Dorf Hartsop mit seinen schönen Schieferbauten. Kurz bevor der Weg wieder anfängt, bergab zu führen, biegen Sie links durch ein großes Holzgatter auf einen Asphaltweg ab, der steil den Hang hinaufführt (GPS 54°30.567' W 002°54.800'). Zu Ihrer Linken öffnen sich bald weite Blicke über den See Brothers Water und die dahinterliegenden Berge und eine Bank lädt zum Ausruhen ein.

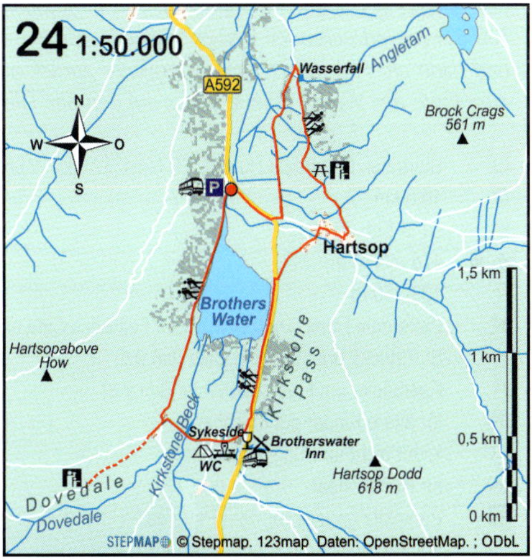

Wenn sich der Weg gabelt, gehen Sie geradeaus an einer Garage vorbei und biegen dann rechts auf einen Pfad ab, der rechts von einer alten Steinmauer am Waldrand entlang verläuft. Der Weg wird bald recht felsig und leitet Sie immer weiter in nördliche Richtung, bis Sie ca. 1,1 km nach Hartsop ein Gatter erreichen, das zum Bach Angletarn mit mehreren Wasserfällen führt. Sie gehen über eine kleine Holzbrücke und dann links herunter zu einer weiteren Brücke, die Sie wieder auf die Südseite des Baches zurückbringt. Hier laufen Sie durch ein Gatter und kommen auf einen Waldweg, dem Sie an den Ferienhäusern von Hartsop Fold vorbei auf eine kleine Straße folgen. Am Ende dieser Straße biegen Sie rechts ab und gelangen zur A592, die Sie vorsichtig überqueren, bevor Sie dann 200 m am Bürgersteig entlang zurück zum Parkplatz laufen.

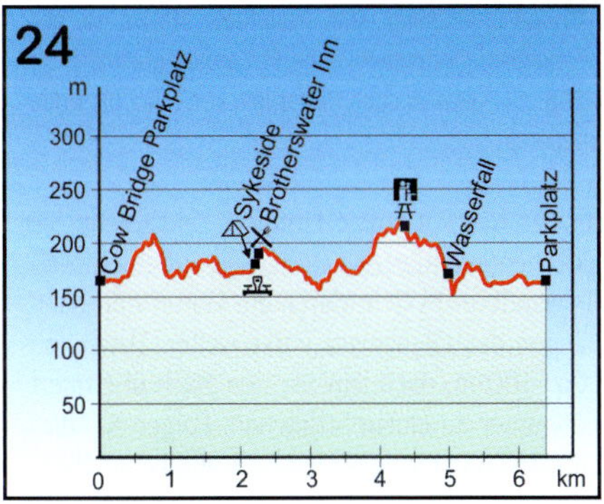

25 Durch das Tal Grisedale

Tour für Naturliebhaber

Das ruhige Urstromtal von Grisedale ist beidseitig umgeben von hohen Gipfeln und glitzert bei Sonne in Hunderten von Grüntönen. Dieser Rundweg führt am Fuß des beeindruckenden Berges St Sunday Crag zum westlichen Zipfel des Tals und dann am Fuß der Helvellyn-Bergkette zurück nach Glenridding, wobei sich zum Ende des Weges schöne Blicke auf den See Ullswater auftun.

Start/Ziel: Patterdale Hotel, GPS N 54°32.085' W 002°56.162'

10,5 km

ca. 3 Std. 30 Min.

476 m/476 m

139-280 m

Patterdale Hotel (km 0 bzw. 10,5), Fell Bites Cafe and Restaurant (km 9,3), St Patricks Boat Landing Café (km 9,5)

Rastbänke am Fluss Ulls Water (km 9,3)

für ältere Kinder gut machbar

leider nicht für Buggys geeignet

für Hunde ideal

Parkplatz gegenüber dem Patterdale Hotel (£ 4,50 pro Tag), großer Parkplatz auch am Fähranleger in Glenridding

Linie 108 von Penrith/Pooley Bridge/Glenridding nach Patterdale Mo-Sa ca. alle 2 Std., Linie 508 von Keswick/Bowness/Windermere nach Patterdale nur März bis Ende Okt. ca. alle 2 Std., Linie 208 von Keswick nach Patterdale von März bis Ende Okt. zweimal tägl. nur am Wochenende

Gehen Sie über die Einfahrt auf das Patterdale Hotel zu und folgen Sie dem Weg, der rechts hinter dem Hotel entlangführt. Er stößt bald auf einen breiteren Weg, auf dem Sie nach rechts wandern. Es geht durch ein Gatter und dann weiter an den farnbewachsenen Hängen des Glenamara Parks weiter. Trittstufen führen über den Bach Hag Beck. Ca. 400 m, nachdem Sie den Bach überquert haben, führt rechts ein Holzgatter hinunter zu einem Sträßchen. Folgen Sie diesem nach links. Der Weg führt nun einfach immer geradeaus in westlicher Richtung am Südufer des Grisedale Becks entlang. Nach ca. 4,6 km erreichen Sie das westliche Ende des Tals, wo Sie eine Brücke über den Grisedale Beck überqueren, um den Rückweg über die andere Seite des Tals anzutreten.

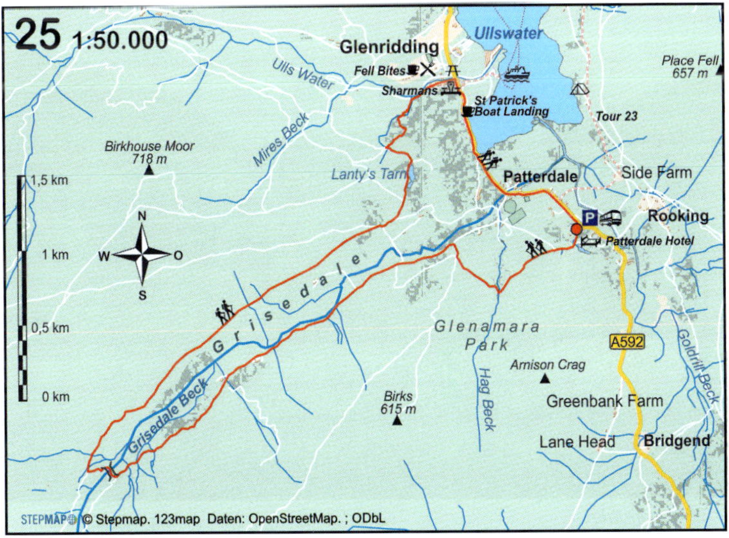

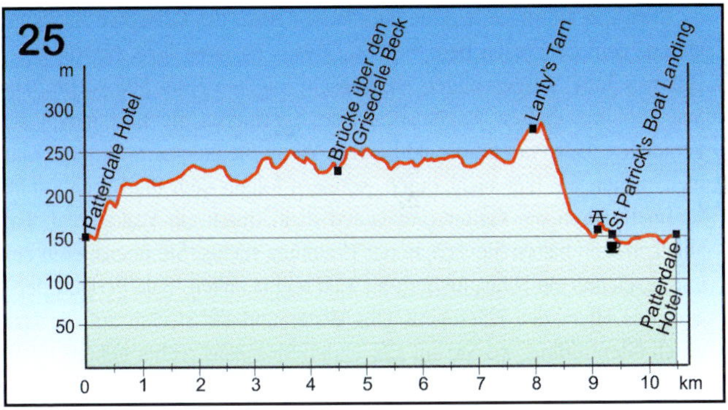

Wie so viele Täler des Lake Districts verdankt das Grisedale sein Aussehen der letzten Eiszeit, als das Schmelzwasser der Gletscher tiefe Risse in der Landschaft hinterließ. Die riesigen Geröllblöcke, die Sie im Grisedale überall sehen, wurden bei der Schmelze aus höheren Lagen in das Tal gespült.

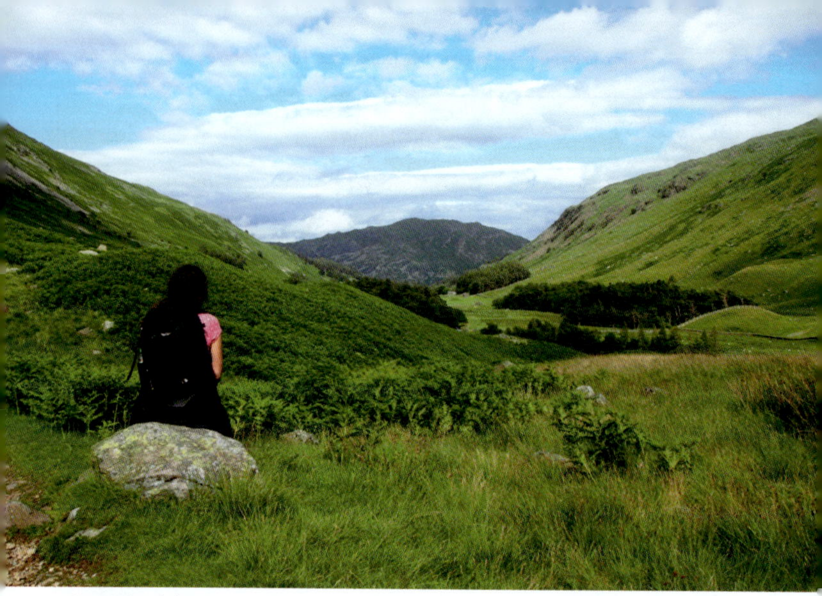

Im Grisedale

Etwa 2,8 km, nachdem Sie auf die Nordseite des Grisedale Becks gewechselt haben, geht kurz nach dem Hof Braesteads ein Weg links hinauf, der zum See „Lanty's Tarn" ausgeschildert ist. Diesem folgen Sie am See vorbei. Hinter dem See geht ein Gatter rechts ab. Dieses ignorieren Sie und gehen stattdessen geradeaus. Der Pfad führt bald bergab. Wenn Sie zu einem weiteren Gatter kommen, gehen Sie hier nicht durch, sondern folgen dem Pfad rechts hinunter. Sie kommen durch ein Gatter und laufen dann durch ein Waldgebiet. Fast im Tal angekommen halten Sie sich an der Kreuzung rechts. Sie überqueren eine Brücke und erreichen ein Haus, an dem Sie sich rechts halten. Bald verläuft der Weg entlang des Ufers des Flüsschens Ulls Water und Sie stoßen auf die Hauptstraße durch Glenridding, wo Sie am Laden Sharmans rechts gehen.

Sharmans, Glenridding, CA11 0PB, tägl. 7:30-18:00, verkauft Sandwiches und andere Snacks für Wanderer, mehrere Sitzgelegenheiten vor dem Laden

Auf der gegenüberliegenden Seite des Flusses finden Sie mehrere Rastplätze.

200 m: Fell Bites Café and Restaurant, Greenside Road, Glenridding, CA11 0PD, 01 76 84/827 81, www.fellbitescafe.co.uk, tägl. 9:00-20:30, Mi 9:00-17:00, Hunde bis 17:00 willkommen, leckere Speisen und netter Service

Die Flutkatastrophe von 2015

Am 5. Dezember 2015 fielen in Teilen des Lake Districts in 24 Stunden 341,4 mm Regen, ein neuer Wetterrekord selbst für Großbritannien. Ganze Orte standen nach Sturm Desmond tagelang unter Wasser und die A591, die Hauptverbindungsstraße zwischen dem südlichen und nördlichen Lake District, wurde so stark beschädigt, dass sie erst sechs Monate später wieder geöffnet werden konnte. Ganz besonders schlimm betroffen waren die Orte Pooley Bridge auf der gegenüberliegenden Seite des Ullswater, wo die Brücke, die hier seit 1754 gestanden hatte, weggespült wurde, sowie Glenridding selbst, das durch die Fluten und Erdrutsche tagelang völlig abgeschnitten war.

Blick hinunter nach Glenridding und Ullswater

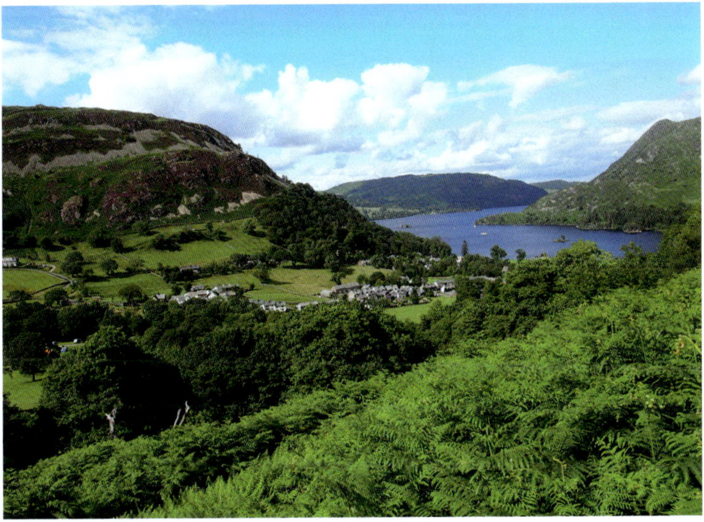

Folgen Sie der Hauptstraße durch den Ort, vorbei am Landesteg der Ullswater Steamers und am St-Patrick's-Landesteg, zu dem auch ein kleines Café gehört.

St Patricks Boat Landing Café, Glenridding, CA11 0QQ, ☏ 01 76 84/823 93, www.stpatricksboatlandings.co.uk, tägl. 9:30-17:00

Von hier verläuft ein Gehweg mal rechts, mal links parallel zur Straße, sodass Sie nur kurz an der Straße selbst entlanglaufen müssen. Ca. 1 km, nachdem Sie den St-Patrick's-Landesteg passiert haben, gelangen Sie zurück zum 🛏 Patterdale Hotel, wo Sie sich in der zugehörigen ✕ 🍷 Bar Place Fell Inn ausruhen können.

✕ 🍷 Place Fell Inn, Patterdale Hotel, Patterdale, CA 11 0NN, ☎ 01 76 84/822 31, 💻 www.patterdalehotel.co.uk, 🚪 tägl. 12:00-23:00, warme Küche 12:00-17:00 und 18:30-20:30

Bootsverleih am St Patricks Boat Landing

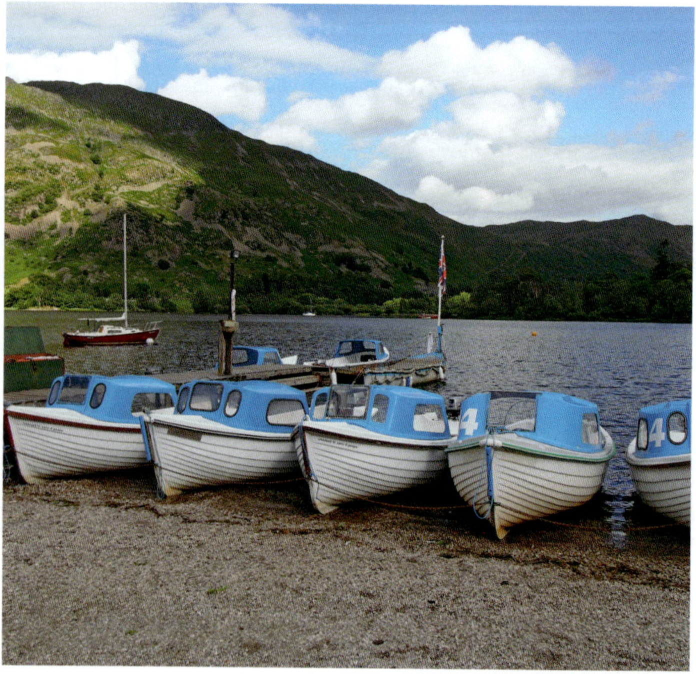

26 High Street

Tour für Gipfelstürmer und Fans der Römerzeit

Der Name High Street hört sich eher nach einer Einkaufsstraße als nach dem Namen eines Berges an, doch in diesem Fall muss man den Namen wörtlich nehmen: Die Römer benutzten die Hohe Straße als Verbindungsstrecke zwischen Penrith und Ambleside. Dieser Rundweg führt erst steil hoch auf den Gipfel von Kidsty Pike, von wo aus es über die alte Römerstraße nur noch ein kurzer Anstieg bis zum höchsten Punkt des Weges, dem 828 m hohen Berg High Street, ist.

- Start/Ziel: Mardale Head am Haweswater Reservoir, GPS N 54°29.427' W 002°49.152'
- 12,2 km
- ca. 4 Std. 30 Min.
- 830 m/830 m
- 252-828 m
- keine Einkehrmöglichkeiten am Weg, Haweswater Hotel an der Straße zum Mardale Head (3,2 km)
- keine Rastplätze am Weg
- Der anstrengende Aufstieg ist nur für ältere, wanderfreudige Kinder geeignet.
- Der Weg ist leider für Buggys nicht geeignet.
- Kaum Schafe, keine Gatter, viel Wasser: Der Weg ist ideal für Hunde.
- Es gibt einen kostenlosen Parkplatz am Südende des Haweswater.
- Leider ist der Startpunkt mit öffentlichen Verkehrsmitteln nicht zu erreichen.

Schafe auf dem Rücken von High Street

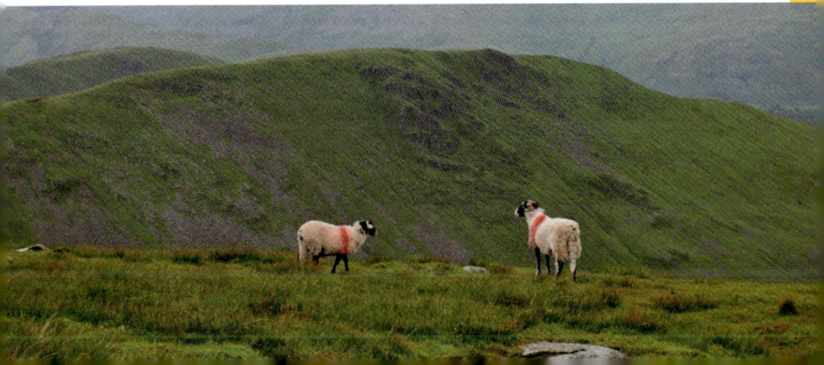

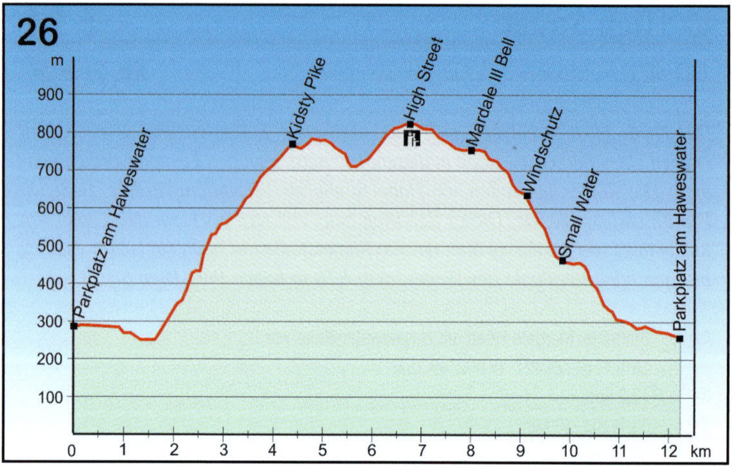

Gehen Sie durch das Gatter am Ende des P Parkplatzes und folgen dem Weg nach rechts. Der Pfad macht bald eine Rechtskurve, um dem Ufer des Haweswater in nordöstlicher Richtung zu folgen. Nach ca. 600 m laufen Sie links am Waldgebiet Rigg vorbei und gelangen dann in das Tal Riggindale. Links geht ein Weg ab, der mit „RSPB Eagle View Point“ (Adleraussichtspunkt – bis 2016 war hier der einzige Steinadler Englands zu Hause) ausgeschildert ist. Ignorieren Sie diesen Abzweig und laufen Sie geradeaus weiter über den Bach Riggindale Beck.

Ca. 100 m hinter dem Bach gabelt sich der Weg. Nehmen Sie nun den Weg schräg links hinauf, der erst noch sanft, dann immer steiler in nordwestlicher Richtung auf die felsige Anhöhe von Kidsty Howes zuläuft. Nach einem recht mühsamen Anstieg erreichen Sie die Anhöhe und halten nun links auf die Spitze von Kidsty Pike zu, dessen dornenförmigen Gipfel Sie bald vor sich sehen. Ca. 4,6 km vom Startpunkt aus entfernt erreichen Sie den 780 m hohen Gipfel. Von hier aus laufen Sie geradeaus weiter, dann fällt der Weg kurz ab, um anschließend nach links über einen breiten Kamm auf den nächsten Gipfel dieser Wanderung zuzuführen: High Street.

Der Weg, auf dem Sie nun laufen, ist über 2.000 Jahre alt und war die Verbindungsstrecke zwischen zwei römischen Lagern bei Penrith und Ambleside. In den damals dicht bewaldeten Tälern liefen die Römer Gefahr, von feindlichen Ein-

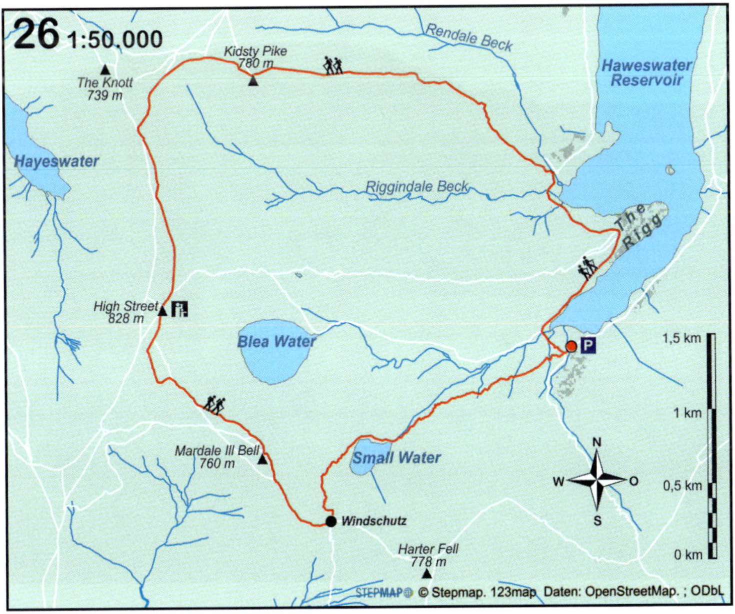

heimischen überfallen zu werden, und so war der anstrengende Weg über die Bergrücken weitaus sicherer. Der Norden Englands war von ca. 100-400 n. Chr. Teil des Römischen Reiches, aber sicherlich waren nicht alle Soldaten glücklich darüber, in diese raue, nördliche Gegend versetzt zu werden. So fand man am Hadrian's Wall nicht weit von hier den Brief eines römischen Soldaten, der seine Verwandten bat, ihm doch bitte warme Socken zu schicken. Eine Bitte, die Sie an einem kalten Regentag im Lake District sicherlich nachvollziehen können.

Der Gipfel ist durch eine kleine Säule markiert.

GCTFFC High Street, Schwierigkeit 1,5, Gelände 4, Tradi, Small

Von hier aus laufen Sie 300 m an der Steinmauer weiter geradeaus. Dann führt ein breiter Weg schräg links ab (GPS N 54°29.332' W 002°51.985'), der Sie nach ca. 800 m auf den Gipfel des 760 m hohen Mardale Ill Bell führt.

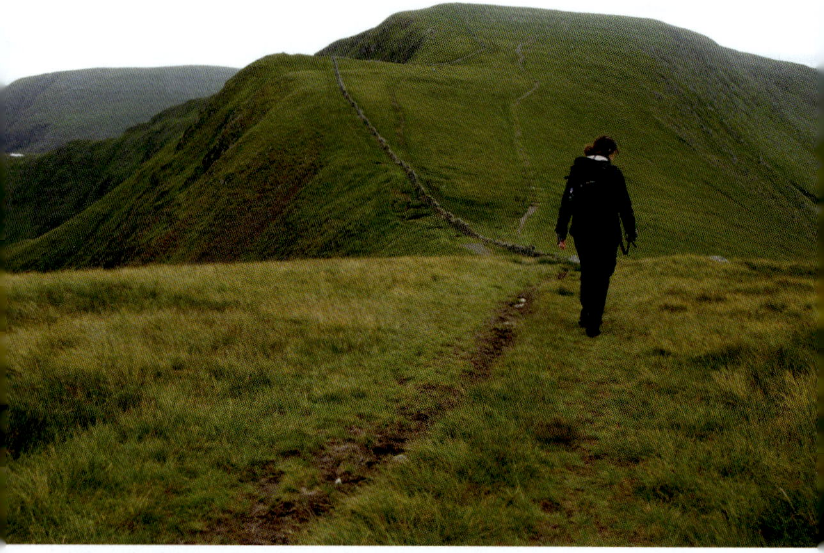

Der alte Römerweg hinauf auf den Berg High Street

☺ Eine beliebte Beschäftigung bei wanderfreudigen Briten ist das sogenannte „Doing the Wainwrights", bei der möglichst viele der vom Autoren Alfred Wainwright beschriebenen Gipfel des Lake Districts erklommen werden. Nur recht wenige schaffen es tatsächlich auf alle 214 Berge, aber Sie haben bereits einen guten Start gemacht: mit Kidsty Pike, High Street und Mardale Ill Bell haben Sie schon drei Wainwrights abgehakt.

Von hier fällt der Weg leicht ab, bis Sie einen steinernen dreiseitigen Windfang erreichen. Hier nehmen Sie den linken Pfad bergab, der links an dem See Small Water vorbei über einen gut ersichtlichen Weg wieder zum Haweswater Reservoir zurückführt.

27 Kentmere ⌘ ✞

Tour für Naturfans und Liebhaber von Einsamkeit

Das abgeschieden gelegene Tal Kentmere bietet vor allem eines: viel Stille. Lediglich ein enges Sträßchen verbindet das Tal mit dem nächstgelegenen Ort Staveley, und so verirren sich nur die wenigsten Touristen hierhin. Dieser Rundweg führt erst durch die saftiggrünen Schafwiesen am linken Ufer des Flüsschens Kent hinauf zu einem einsam in einer rauen Bergwelt gelegenen Stausee, um anschließend auf der gegenüberliegenden Flussseite zurück in das Tal zu führen. Während der Hinweg über ein asphaltiertes Sträßchen verläuft, welches später in einen Schotterweg übergeht, führt der Rückweg teils über kleine, morastige Pfade, wo gutes Schuhwerk nötig ist.

Start/Ziel: an der Kirche St Cuthbert in Kentmere, GPS N 54°25.756' W 002°50.380'

11,2 km

ca. 3 Std.

↑↓ 632 m/632 m

162-310 m

keine Einkehrmöglichkeit am Weg, mehrere Pubs und Cafés im 6,5 km entfernten Staveley

keine Rastplätze am Weg

Der Weg ist für Kinder gut geeignet.

Der Weg zum See ist mit Geländebuggy gut machbar, solange Sie den Abstecher zur Kentmere Hall zu Beginn der Route auslassen. Am See müssen Sie allerdings umkehren, da der Rückweg teilweise über enge, unebene Pfade verläuft.

Hunde können meist frei laufen.

P Am Startpunkt gibt es einige wenige Parkplätze, die aber rasch voll werden. Im Sommer darf man oft für £ 5 auf einem Feld neben der Kirche parken, worauf aber leider kein Verlass ist. Unter der Nummer ☏ 01 53 98/216 89 erfahren Sie, ob das Feld für Autos geöffnet ist oder nicht.

Leider fahren keine Busse Kentmere an. Linie 555 verkehrt stündlich zwischen Kendal/Windermere und Staveley.

Der Startpunkt ist zu Fuß vom 6,5 km entfernten Staveley über die kaum befahrene Hollingrigg Lane zu erreichen.

Taxi von Windermere: Windermere Taxis, ☏ 01 53 94/423 55

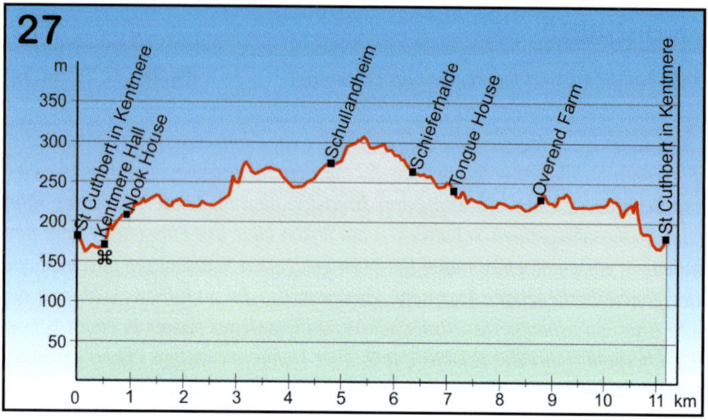

Der Weg beginnt an der Kirche ✞ St Cuthbert, wo Sie kurz einen Blick auf die knorrige Eibe auf dem Friedhof werfen sollten: Sie soll im 11. Jahrhundert zu Zeiten Wilhelm des Eroberers hier angepflanzt worden sein. Folgen Sie nun dem Weg, der gegenüber der Kirche nach Kentmere Hall ausgeschildert ist. Die ⌘ Kentmere Hall ist in Privatbesitz, aber Sie können vom Weg aus gut den alten Befestigungsturm sehen.

Der Wachturm der Kentmere Hall wurde im 14. Jahrhundert gebaut, in der Zeit der Anglo-Schottischen Kriege, die von dem Einmarsch der Engländer in Schottland im Jahr 1296 bis zur Vereinigung der beiden Königreiche 1603 unter Jakob VI andauerten. In dieser Zeit fanden immer wieder schottische Raubzüge in das heutige Nordengland statt, um Vieh und anderen Besitz zu stehlen, und natürlich auch englische Überfälle in die schottische Grenzregion.

Kurz vor der Kentmere Hall biegen Sie hinter den Ställen rechts durch ein Gatter auf den Weg ab, der nach „Garburn and Reservoir“ ausgezeichnet ist. Sie überqueren das Feld schräg rechts hoch zu einem Gatter, laufen an einer Scheune vorbei und durch ein weiteres Gatter auf ein Sträßchen, welches am Nook House vorbeiführt. Ignorieren Sie den Weg, der nun links nach Garburn abzweigt, und gehen Sie stattdessen hinter dem nächsten Haus links. Der Weg ist zum „Reservoir“ (Stausee) ausgeschildert. Sie laufen rechts durch ein Gatter und dann an einer Gabelung wieder rechts, um auf einen Schotterweg zu kommen, der nun

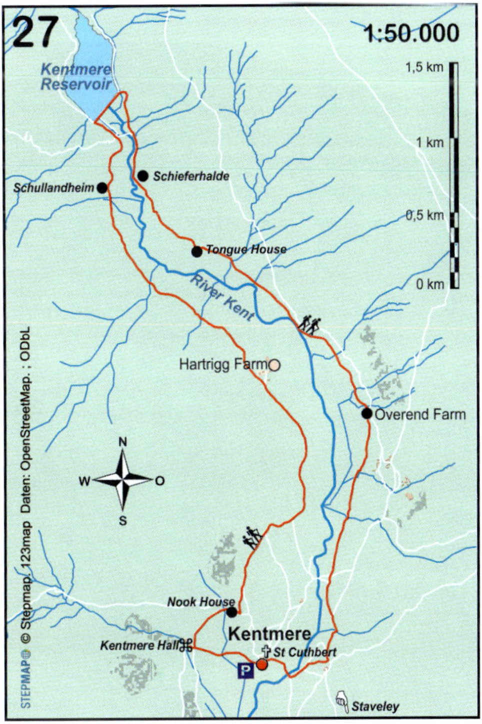

immer weiter hoch zum Stausee führt. Wenn sich der Weg nach ca. 3 km an der Hartrigg Farm gabelt, halten Sie sich links. Nach weiteren 1,8 km gelangen Sie zu einem alten Schiefersteinbruch mit einem Haus (Reservoir Cottage), das ursprünglich als Unterkunft für die Arbeiter im Steinbruch gebaut wurde und heute als Schullandheim dient.

Der Schieferbergbau hat eine jahrhundertelange Tradition im Lake District und der extrem widerstandsfähige Grünschiefer aus der Region wurde lange Zeit in die ganze Welt exportiert. Nicht nur die Häuser in Nordwestengland sind aus dem lokalen Schiefer gebaut, sondern auch die Dachplatten von Buckingham Palace und Scotland Yard stammen hierher. In Kentmere allein gab es acht Steinbrüche, die noch bis 1938 in Betrieb waren, doch heute existiert im ganzen Lake District nur noch ein Betrieb: die Honister Slate Mine bei Seatoller, die jetzt gleichzeitig als Museum dient.

Kurz hinter dem Steinbruch erreichen Sie den Damm. Klettern Sie rechts an der Südseite die kleine Leiter hinunter und auf der anderen Seite wieder hinauf und folgen Sie nun dem Pfad, der auf der gegenüberliegenden Seite wieder talabwärts führt. Nach ca. 600 m umrunden Sie eine weitere Schieferhalde und sehen am rechten Flussufer eine alte Schafhürde, in die die Schafe früher zum Schutz bei schlechtem Wetter eingeschlossen wurden.

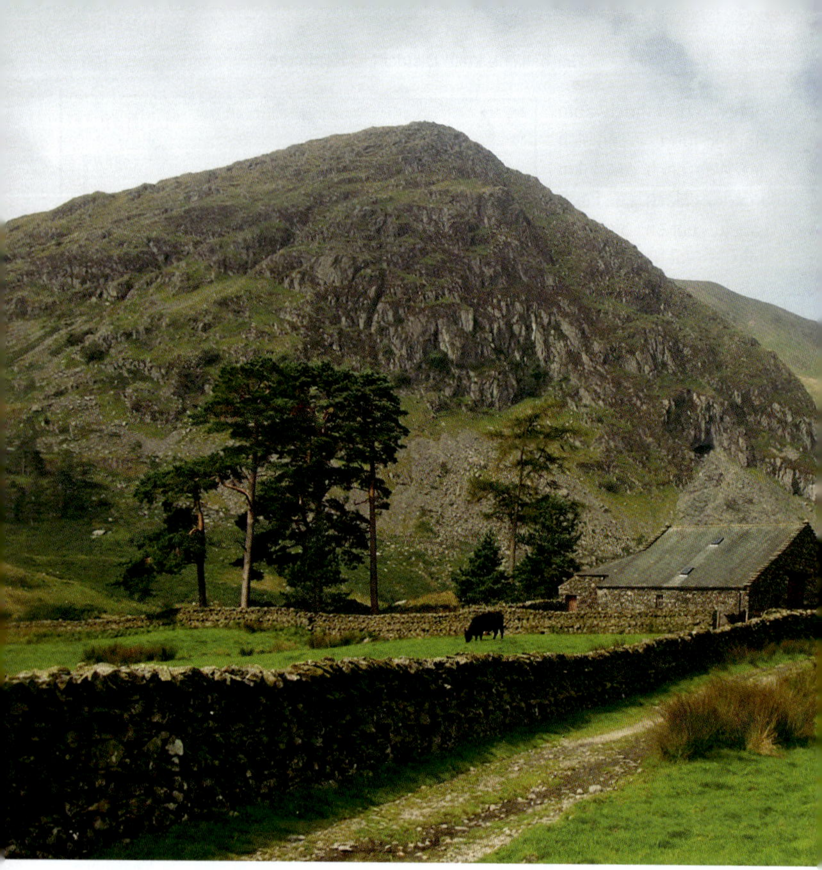

An einem verfallenen Haus (Tongue House) gehen Sie links an dem Gebäude vorbei, laufen durch eine Lücke in der Mauer und folgen dem gut zu erkennenden Weg über mehrere Felder, bis Sie ein weiteres Haus erreichen, die Overend Farm. Gehen Sie hier nicht über den Asphaltweg links hoch, sondern rechts durch ein Gatter auf einen Wiesenweg. Dieser Weg geht schließlich in das Sträßchen Low Lane über, einen herrlichen alten Weg, der auf beiden Seiten durch verwachsene, moosige Wurzeln und alte Steinmauern begrenzt ist.

Die Trockensteinmauern, an denen der Weg hier entlangläuft, wurden vermutlich bereits im Mittelalter errichtet und gehen auf eine alte Bauweise zurück, bei

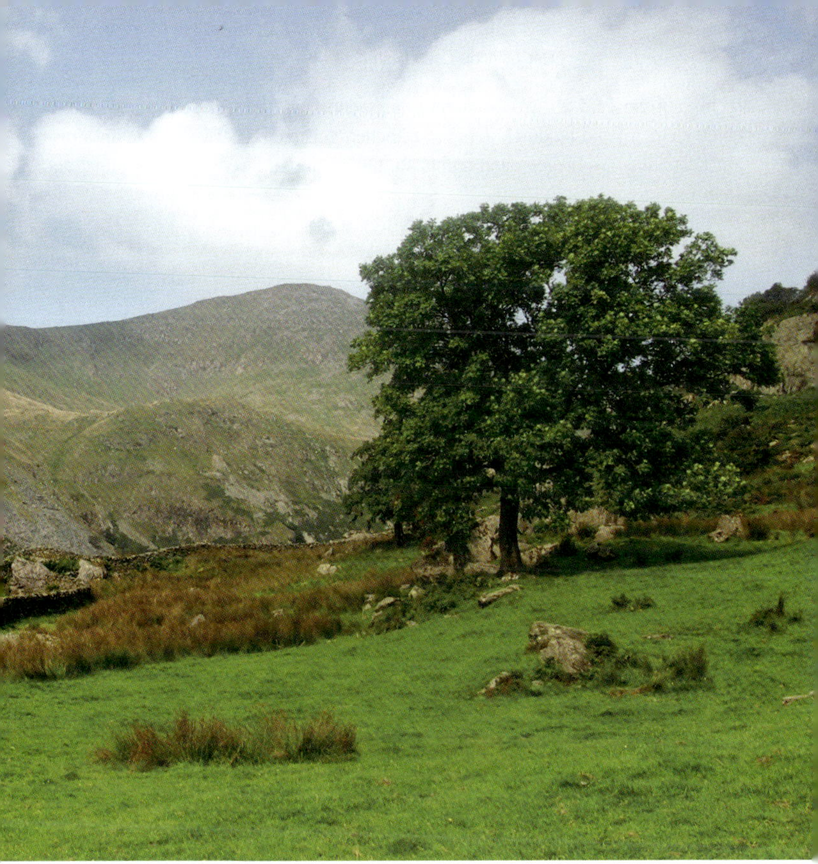

Tongue House

der lose Steine ohne Mörtel aufeinandergeschichtet werden. Trockensteinmauern findet man in 35 Ländern der Welt, von Nepal bis Spanien, meist in Gegenden, wo der Boden zu karg und das Klima zu rau für Hecken ist. Aber nirgends gibt es so viele wie in Großbritannien: Um die 300.000 km an „Dry Stone Walls" durchziehen das Vereinigte Königreich.

Wenn Sie zu einer Kreuzung kommen, wo eine Straße rechts ins Tal hinabführt, gehen Sie kurz geradeaus weiter und biegen dann über einen Mauerstieg rechts auf ein Feld ab, wo Sie schräg links den Hang bergab gehen und durch einen kleinen Wald hindurch auf ein Sträßchen gelangen. Hier laufen Sie links bis zur Kreuzung und biegen dann rechts ab, um wieder zu Ihrem Ausgangspunkt zu kommen.

Blick auf Kentmere Village

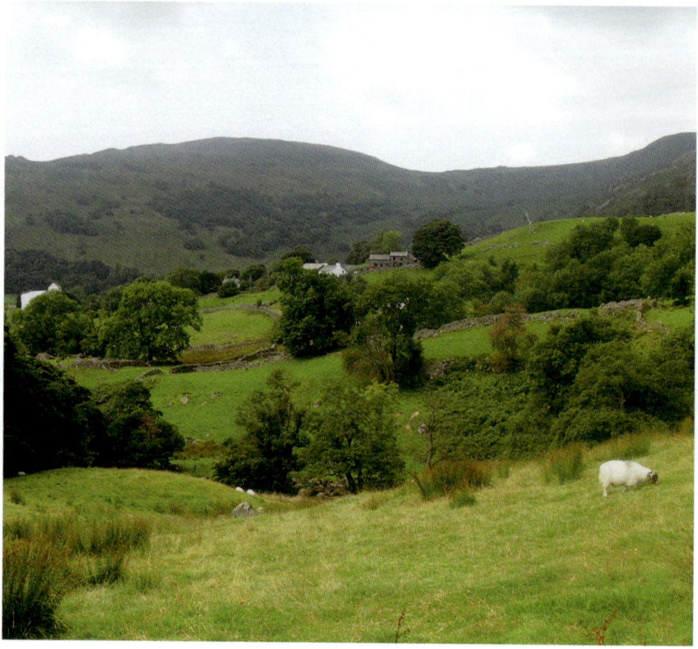

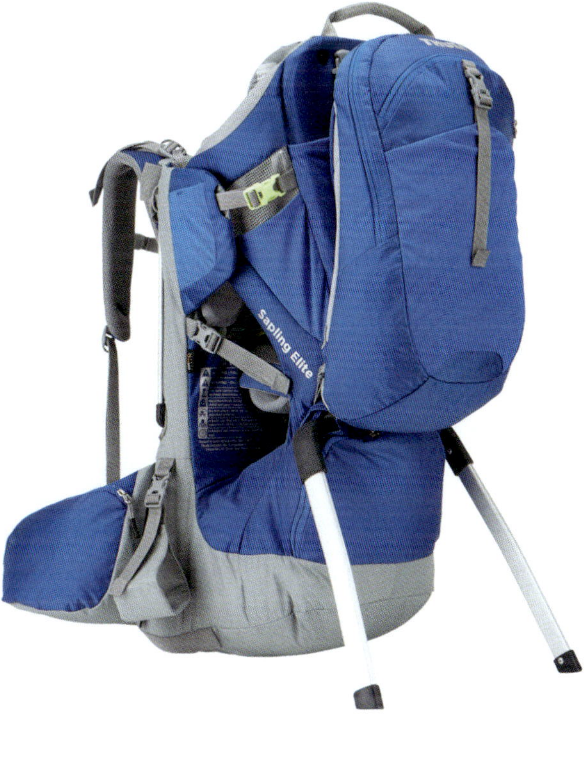

› Thule Sapling Elite

Bring your life
thule.com